文
景

———————

Horizon

WALTER BENJAMIN

本 雅 明 电 台

[德] 瓦尔特·本雅明 / 著　　　　　　　　　　王凡柯 / 编译

AUSGEWÄHLTE
RUNDFUNKARBEITEN

上海人民出版社

·

目　录

导 言
本雅明开始广播了

王璞（美国布兰代斯大学副教授、比较文学项目主任）

I

本雅明开始广播了：1927 年 3 月 23 日，电波从法兰克福发出，如果本地收音机调到西南德意志广播电台（Südwestdeutschen Rundfunkdienst）的频段，就会传来一个声音，讲述着《青年俄国作家》（"Junge russische Dichter"，稿已佚）。这个声音便是瓦尔特·本雅明（1892—1940），这次讲话节目是他在广播世界中的"首秀"。从此，他的讲话、朗读、广播剧等节目不断穿行于德意志的上空，直到 1933 年初。据统计，有日期可考的本雅明广播（含合作作品）达到 87 次，还有几次广播的播出时间无法确定，另外若干计划中的节目最终未播或未完结。不少底稿已经亡佚，但仍有许多留存在各类档案的边边角角，幸运地传于后世，收录于法兰克福版《本雅明全集》（以下简称《全集》）。其中的部分篇章，经由王凡柯博士的译笔，现在终于呈现为汉语，这本《本雅明电台》正是本雅明广播稿的第一次系统中译。

在本雅明身后声名日隆之际，他的生前挚友兼文档保管人肖勒姆就曾一再指出，本雅明的作品，乃至本雅明的生命存在本身，抗拒着任何简单的分类。在《本雅明传》（*Walter Benjamin: A Critical Life*）的"译后记"中，我也总结到，后世读者重新发现了这位德国犹太裔作者，着迷于其文本，从中构建出许多各不相同的本雅明形象，但正如两位传记作者——霍华德·艾兰和迈克尔·詹宁斯——所说，那些形象都只是作为"多重"和"一致"的辩证自我的个别侧面。我们只好用"矛盾而变动的整体"（本雅明自己的话）或"离心的统一体"（阿多诺语）来概括本雅明；我们只能说，他是一位真正的批评作者，曾立志成为德语世界"最重要的批评家"，他也可谓"欧洲最后的文人"，在最宽泛的范畴中和最精微的形式上试验着"散文"（Essay）。置身于由他的多样文本和驳杂体裁所形成的"星丛"之中，我们比较容易关注到的，当然还数那些后来闪耀在批判理论、文化思潮中的高亮度"星辰"，也即他的一系列所谓"重要"作品：比如，早期浪漫派论文、悲苦剧专著、波德莱尔研究；比如，关于荷尔德林、先锋派、普鲁斯特、卡夫卡、布莱希特的批评文章；再比如，《单行道》的试验文体、柏林童年的回忆散文、19世纪巴黎《拱廊街计划》不断衍生的引文和笔记；又比如，对摄影、电影、可技术复制时代的艺术作品的思考以及现代性批判；甚或还有他早期的政治神学片段和晚期的历史哲学论纲……可谁曾注意到作为广播节目作者和播音员的本雅明呢？

众所周知，本雅明一方面由布尔乔亚高级文化所塑造，另一方面又对现代新媒介抱有先锋派式的强烈介入兴趣。按理说，广播实践正进一步体现了本雅明的"多媒体"属性。而且，现存的节目稿展现出这种实践在内容和形式上的丰富多样。本书所选译的这些篇目，有的是向小朋友讲述德国和欧洲的各种奇闻和趣史，从德意志古时的"盗亦有道"到浮士德博士，从猎巫史到豪泽尔谜案再到柏林的神魔，如数家珍，娓娓道来；有的又带着儿童听众去了古城庞贝、南意大利的那不勒斯，甚至谈到了广州的戏院火灾；有儿童广播剧，改编自豪夫童话；又有实用又幽默的对话小剧场，教大家"如何向老板提出加薪"；还有关于广播和广播剧功能作用的零星反思。尽管这批文本别开生面、多姿多彩，尽管文化界对本雅明的兴趣始终不减，但是他的电台文稿却并没有得到重视，即便在德语语境中，也长期遭到轻忽，如同一个不再能收听的频道。

Ⅱ

英译本《本雅明电台》（*Radio Benjamin*）的编者莱西

亚·罗森塔尔（Lecia Rosenthal）试图从两个方向来解释这耐人寻味的遗忘。第一个原因是"档案性质"的，涉及"媒介史和文集的情况"。早期广播崛起为一种大众传媒时，其声音保存的条件极为脆弱，节目原声的丢失甚为普遍，而底稿的散落也很常见。从媒介特性的角度来说，最重要的莫过于本雅明的广播原声，这些听觉文本一定比节目文字稿更有价值，但本雅明的所有广播都是现场播报，没有录制，更没有声音存档，我们今天无法找到原声。一次性的声音事件，无法复制；而可以复制的，是这些文字稿，它们的生成，大多其实又经过打字员之手，能留存下来亦属侥幸。有一部分广播的打字稿留在了他1940年逃离的巴黎公寓，落入了盖世太保之手，1945年纳粹败亡之后这部分档案又到了苏联，1960年转移回民主德国，先放在波茨坦，1972年收入东德艺术院的文学档案馆，直到1983年，《全集》的编辑们才得到查阅的权限。在编入《全集》时，这些广播稿又没有收录在一起，而是分散到了各卷，排入不同的题目序列之中，毫不起眼。

这也就涉及罗森塔尔所说的第二个——"生平性质"的——原因，它出自本雅明自身。从本雅明的生平材料来看，他似乎的确认为自己的广播工作只能算"次要"作品，因为全是迫于生计、"为稻粱谋"的临时工作。肖勒姆曾指出，本雅明对自己"为钱而作的"大多数作品都抱有"否定态度"

或"贬损的评价"。他最后把这些电台稿件放下不管，也加重了一种偏见，那就是它们真的不重要。《全集》的编者费尽力气搜集本雅明遗稿，最初却没有安排一个广播稿的序列，大抵出自这一因素。

显然，罗森塔尔所提供的两个解释其实紧密相关。要重新发现"本雅明电台"的意义，也必须首先认识到，两次世界大战之间的媒介史和本雅明的生命史是互相交织的一体。1923 年，德国有了无线电服务，地区性广播出现。本雅明学生时代起的亲密友人恩斯特·舍恩（Ernst Schoen，曾一度是本雅明妻子朵拉的婚内情人）出任了西南德意志广播服务的节目总监。大约在 1924 年底，迟迟不能明确自己职业规划的本雅明就曾和舍恩协商，要出任该电台刊物副刊的编辑，而1925 年初，他就已在书信中敏锐地提出，或许为广播业写稿，也算一种潜在的谋生手段。电台刊物副刊编辑的职位最终没能谈妥，"绊脚石"正是本雅明提出的不切实际的薪酬要求，如《本雅明传》作者所说，这也体现出贯穿他一生的特点："随着他的经济情况一天比一天无望，他对与他的成就相匹配的报酬所提出的要求，其强硬程度也成正比地增加。"大约同时，他的《德意志悲苦剧的起源》基本定稿，到了 1925 年春夏之际，他在学术界求得一席之地的努力全都悲惨地结束了（"可怜的真理"只能成为睡美人，她原本想在密室中"织就一袭教授袍")。出身于归化犹太人的巨富之家,成长于柏林的上等社区,现在他已为人夫、为人父,却在事业和生计上陷入极大困境,既要重新寻找人生道路,又得想办法养活自己和小家。当本雅明转向出版界和"公共文坛"时,魏玛共和国(也即德意志第一共和国)的文化热潮正在奔涌。而当我们想到魏玛文化的时候,不应该仅仅记得柏林作为"世界报纸之都"以及"出版资本主义"的大繁盛,还应注意到大众媒体的大爆发:魏玛文化意味着许多新媒体实验,其中当然包括广播。就在"一战"后的超级通货膨胀稍微缓解,德国中产阶级又临时站稳了脚跟的时候,收音机开始慢慢走进千家万户,广播成为一种真正现代大众的传播平台和文化界面。

本雅明对这些全新媒体的兴趣,首先在电影方面,而非广播。在苏联之行中,他所关注的也是苏维埃革命以来的大众电影先锋实验,不过,广播的力量已经不容小觑,在苏联,它很快就会后来居上,取得统治地位。而和舍恩合作,又是一个现实的机会,既是文化工作又有经济收益。1929年从莫斯科回来后,本雅明出现在了话筒前面。此后两年多,他在法兰克福和柏林的电台频繁地做节目,甚至开始了两地之间的必要"通勤"。

也是在1920年代末,本雅明确立了德语世界"有影响力的文化评论家的地位",他的论述"无所不包,从作为教育模型的儿童文学和儿童剧场直到赌博和色情物品，涉及包括报业、广播和摄影在内的大量媒介"。在其中，广播节目的写作和播音的确有显著的经济考量，本雅明称之为"Brodarbeit"——可直译为"面包工作"。在舍恩的支持和引导下，他与人合作广播剧似乎还有额外佣金，有一次本雅明拉上了友人弗朗茨·黑塞尔（Franz Hessel），让舍恩安排他们俩合作一部广播剧，结果事情因为黑塞尔的"固执"而未成，本雅明对朋友拒绝合作大为气恼，因为这关系到一千马克。本雅明与人合作的谈话节目《"加薪？你究竟在想什么呢！"》，调侃的显然是两次大战之间社会危机不断的德国政治、经济现实。而本雅明对当时自身境遇的基本判断，最终也变得简单明确——"现在的精神产业不可能有空间容纳我的思考，正如现在的经济秩序无法存续我的生命……"

在这样的经济秩序和精神产业的现实之下，广播稿更像真正"思考"的边缘处的附带性写作。但另一方面，本雅明坚持，哪怕在以稿费为目的的写作中他也要达到"一定的水准"。广播稿虽然有时是利用他在纸质媒体上的发表作品，然后按照大众传播的规律简化而成，但正如两位传记作者所说，它们仍然"显示出一位有教养且富有思想魅力的作者的精心构思和热情投入"。更重要的是，在传统书写和大众技术媒介的交互之中，一种新的风格出现在本雅明的文字之中：新的

"声吻"，适应着播放和收听的场景，却并不仅仅是通俗化，反而带出别样的语言审美质感。请读——可惜不是请听——本雅明如何结束他对作家霍夫曼的谈论：

> 霍夫曼在酒馆时从不闲着，而你们可以看到，很多人坐在那儿，除了喝酒和打哈欠其他什么也不做。霍夫曼与他们相反，他用猎鹰般的眼睛四处张望，他在酒客中仔细留意那些惹人发笑的、引人注目的甚至是颇为感人的怪癖……霍夫曼能够非常熟练地运用一支有力的鹅毛笔在纸上将它们悉数写下——他是如此娴熟的素描艺术家。但是如果他对聚集在酒馆里的客人感到不满，或者对餐桌上那些心胸狭窄的小资产阶级客人感到厌烦时，那么他就会变得完全无法忍受，他会非常糟糕地运用自己的社交艺术——做鬼脸，让人难堪，吓唬人……如果我们就此结束今天的谈话，那么有人一定会指责我们，说我们忘记了开始的那个问题：霍夫曼为了什么而写作？我们当然始终牢牢记着这个问题，甚至在刚刚的谈话中已经不经意地把答案告诉了大家。霍夫曼为什么写这些故事？他肯定没有自觉地为自己设定任何有意识的目的。但我们阅读他的作品时却感到，好像他为自己设定了一些目的，而这些目的只能在城市观察的意义上才能够解

释。正如我们之前所说的：这个朴实、清醒、开明、智慧的柏林不仅存在于中世纪的角落……存在于城中各个阶层的每一位劳作的居民身上，这里的街头巷尾都充满了让讲故事的人兴奋不已的东西，只要你能够留心观察。

知识性和趣味性不用说了，这或许还代表了本雅明的又一种笔触，异于他的评论文章，也略不同于他的小品文，但同样散发出生命经验（历史的、社会的、个体的、文化的）在语言（也是历史的，但又指向一种纯度）中结晶的美。而王凡柯的体贴译笔，又将之化为汉语中的美文。

的确，本雅明的大多数广播讲话依赖于他在传统印刷媒介上的文章创作，依赖于在他思想生活中那些"主要"的工作和题目。比如，《那不勒斯》的广播源于他的城市面相学的名篇《那不勒斯》。但我们不应把这些广播稿看作仅仅是衍生性的、附属性的文本而放在一边。恰相反，正因为它们和其他文本的关系，广播工作才具有特殊的相关性，作为一个序列，这些底稿足以促成我们对本雅明文学和思想世界的又一次打开、又一重理解：我们得到了跨媒介的对读的新路。比如我们上面引用的一段，显然就对应着本雅明关于柏林记忆、都市文学、"讲故事的人"等著名论述，而又足以引出新的思考和体验的路径。

此外，本雅明的广播稿还鲜明地体现出合作乃至跨界交流的特点，而这其实也是他的文化实践的一条线索。和舍恩的合作自不待言，比如两人的《冷酷的心》便是改编自豪夫童话的广播剧。广播剧这一形式又引出了本雅明的"广播模型"的设想。Hörmodell一词如何理解，我在翻译《本雅明传》时一直犯难，向当时已经在翻译《本雅明电台》的王凡柯请教，她提出"广播模型"或"教育广播剧模型"的译法。在本书中，她选译了本雅明阐释这一设想的文章，《儿童教育广播剧听觉模型》。这种关于生活中典型伦理问题的教育性情景剧，在理念上很可能受到布莱希特的影响，这也提示我们，本雅明介入广播这一新媒体的时期，也正是他和布莱希特友谊急速升温、两人开始相互影响的阶段。他也曾做过讨论布莱希特的广播节目。本雅明关于媒体、技术和生活批判的模型及样板的思想，与两人的交流分不开（而在与布莱希特合作的日子里，本雅明又以相同逻辑称另一位思想伙伴阿多诺的歌剧剧本为"儿童模型"）。

最后，虽然本雅明的新技术理论以他对电影以及摄影等媒介的阐述而著名，但他也曾以广播的日常工作为机缘，写下了反思这一新传播形式的文字。本书的第三部分就收录了三篇这样的"广播反思"。这些反思中的核心观点也出现在他和舍恩的一篇对谈文章中。在《对话恩斯特·舍恩》中，他们谈论了广播的教育性和政治性可能，都希望广播从简单的文化推广和报道中解放出来。本雅明在书信中告诉舍恩，他还准备写另一篇文章，评论"广播的琐碎化""广播对文学事物的冷漠""广播和新闻界的腐化关系"等，可惜，这篇文章并未写成。

III

在本雅明电台的所有这些特点中，一个问题的交汇点浮现出来了，那就是——儿童。本雅明的讲话节目和广播剧的目标听众在很多时候都被设定为少年儿童。他也在广播中一再论及儿童文学。他的广播模型剧概念也和"儿童模型"的教育理念相关联。模型，意味着重新学习生活。而他关于广播的反思一直围绕着教育功能的可能性。

众所周知，儿童问题从未远离本雅明思考的圆心。他本人是童书的收藏家，是玩具史的研究者，更饶有兴致地——也不无创伤地——记录过自己儿子的行为和心理、"意见和思想"。他还在自传文学中成为柏林童年的"驼背小人"和回忆大师。或者说，本雅明的思想主轴形成了三个决定性的圆周——生命经验、历史记忆、艺术审美。而儿童是三者的重合处之一：儿童作为生命经验的生成；儿童作为历史记忆的一部分；儿童在审美媒介中的位置。让我们再来读一读本雅明向小朋友们广播时的声吻，这是他为"青少年时刻"栏目所作的《西奥多·霍斯曼》的开头：

> 这个名字你们听起来熟悉吗？也许不会。在你们自己的故事书中已经找不到这个名字了。但是如果有一天，你们从爸爸妈妈的书架上抽出一本他们曾经拥有的书来，也许还能在扉页上找到这个名字。如果你们找到了这个名字，那就说明这本书中的插画皆出自他手。但由于他本人是个过分谦虚的人，已经很久不为自己的插画署名，那么对大家来说，你们兴许早就看过他的画作了，只是不知道作者是他。
>
> 是的，霍斯曼是一位画家。为什么我们要在今天的"青少年时刻"谈论他呢？首先，严格意义上来说他可不是柏林本地人，而是一百二十三年前出生于哈维尔湖畔勃兰登堡的外乡人。其次，在电台上讨论一位画家，这算不算一个昏头的主意？

而在已经提到的《神魔般的柏林》中，他还就作家霍夫曼补充过一句："现在情况变了，霍夫曼作品的平装版本重新回到了大众的视线，并且相比起我的童年时代，越来越多的家长允许他们的孩子阅读霍夫曼了。"

不论是谈论他认为值得儿童们去探索的画家还是作家，这里值得注意的是，他所进行的"传播"既是跨媒介的，又是跨代际的。他要把过往的文化经验、他自己的"童年时代"，以新媒体的形式，传递给新的大众儿童。而讲述中那个柏林，根本无关乎广播这样的新技术，只存在于曾经偏门的藏书、没人署名的插图、现已过时的玩具之中。从过往文化的遗珠到自己的童年，再到如今的"爸爸妈妈"，最后到收音机前的年轻听众，这是一个历史经验和审美经验的传递链条，现在靠着录音设备、无线电和扬声器而贯通，同时，传递，也是更新。

这就涉及本雅明批评理论中的另一个关键概念，那就是"可传达性"（Mitteilbarkeit）以及"不可传达性"的辩证关系，也可以由此看到本雅明所置身其中的矛盾。一方面，生命经验的媒介传播和代际传递，都有赖于传统的绵延；而另一方面，从本雅明中后期的理论来看，每一种新的技术媒介，每一次文化生产和流通方式的现代变革，都会打断经验和记忆的绵延。其实，早在《经验与贫乏》等一系列批判性文章中，本雅明已经尖锐指出，经验的传达已经不再可能，现代媒介制造无休止的分神、不断的震惊和海量的信息，所产生的是人的必然的"贫乏"。在全行星掠夺、总去魅、大自然退却、大规模武器杀伤、神经官能崩溃等新历史条件下，我们的唯一选择只能是"到天文台去"，以超载和毁灭的技术再造人类的"宇宙身体"。他一直既体认着生命经验的记忆和延续，又强调"贫乏"体验中的变异，"少就是多"；既直视技术的破坏性，又看重媒介的新可能。本雅明在广播中说，霍夫曼是"讲故事的人"，而后来在《讲故事的人》中，他明确提出，"讲故事"如今不复可能，因为经验传达已经陷入危机，媒介完全改变了。那么，他的广播讲话中面对少年儿童的"声吻"，是意在留住最后的一点经验绵延，实现某种"可传达性"吗？而真正需要探寻的，或许是：广播在打破既有传达机制甚至带来"贫乏"的过程中，能否带来一些"少就是多"的可能性，创造新的儿童也即新的媒体动物？这里并没有答案。本雅明的广播可以看作是"可传达性"和"不可传达性"之间的矛盾试验。

IV

1930 年代初，本雅明在各种稿约中忙得不可开交，其中广播节目的写作和制作占去不少时间，以至于他必须在"创作之手和录制机器"之间不断调整分工。但与此同时，纳粹的阴霾开始一步步席卷德国，而纳粹主义的一大特点就在于对大众传媒和新机器——包括广播，最后也包括最先进的杀人机器——的争夺和法西斯操控。1932年夏，社会民主党所领导的普鲁士政府遭到解散，就已经为希特勒掌权扫清了障碍。反动政府意图把广播事业纳入右翼宣传机器。几周之间，柏林和法兰克福广播台的许多左翼领导都失去了职务，而他们的节目正是本雅明工作收入的重要来源。他写信给肖勒姆，说自己的广播工作大受影响。在那一年，本雅明还曾考虑过自杀。

本雅明的最后一次播音是1933年1月29日：在法兰克福，他通过西南德意志广播电台，完成了讲话节目《1900年前后的柏林童年（出自一部未刊速写集）》，而这一文本也将最终成为他的回忆散文名著《1900年前后的柏林童年》。命运的巧合包含着历史的重击，就在一天之后，希特勒被提名为帝国总理。随后发生的国会纵火案丑剧，直接导致舍恩被捕，他被纳粹关进了"急匆匆建起来的集中营"。3月份，舍恩丢掉了西南德意志广播电台的总监之职，4月因同情左翼第二次被捕。春天还没有过完，整个德国出版界和广播界都落入纳粹之手。本雅明被迫离开祖国，开始了艰难的流亡生涯。

"在有些地方我可以挣到最低收入，在有些地方我可以靠最低收入过活，但世界上没有一个地方同时满足这两个条件。"这是本雅明流亡生活的现实写照。流亡岁月也是通向世界大战的岁月，而无线电广播跃升为不可或缺的信息媒介。曾有一位荷兰女友，想给本雅明在荷兰广播台找一份工作，但无果。而收音机将以另外的形式出现在本雅明危机重重的生命之中，调动着神经：当他寄宿在布莱希特一家的丹麦流亡地时，和大家聚在收音机前是一项重要的活动，通过广播，他们密切追踪着纳粹德国的事态和世界政治。也就是在那里，本雅明第一次听到了希特勒的声音，帝国议会的演讲。本雅明在书信中说，"你可以想见其效果"。广播的听觉介质，生发出法西斯政治的诡谲传播，对本雅明，那电波的暴力如此切身。而希特勒下令占领苏台德地区时，本雅明正在哥本哈根旅行，为了得到最新消息，每日紧张地折返于自己的房间和旅馆的公共收音机之间，一部收音机成了他唯一的"旅游目的地"。

他在流亡岁月中不断书写并修改《柏林童年》，直到战争的爆发把他的生命引向终点之前不久，他才最终定稿这部文集。他最终逃亡路上给阿多诺的书信中，他将自己的"经验"理论回溯为他和弟弟一起度过的儿童时光，而他弟弟当时已经被纳粹抓进集中营。生命经验的哲学和童年记忆的诗学合而为一，这一切都将被欧洲现代性的大浩劫所碾碎。《柏林童年》作者的声音再也不可能出现在广播之中。

V

当年收听本雅明电台节目的小听众，今安在？从本雅明辞世到现在，80多年过去了。世界又几经巨变，技术媒介更日新月异。广播早已不是什么新媒体，而成了一种式微的传统媒介，需要额外呵护（以及公共补贴）。传统的广播节目形式今天我们仍可听到，但在无线电信号之外，现在的广播台一般也都会提供网络收听选项。即便在听觉这一端口，广播也受到了播客等新内容载体的全面挤压。至于今天的儿童，即便和他们的父母（曾被称为"新新人类"）相比，也像是一种全新的媒体物种。不要说小朋友了，我们已经有超过一代人，生活在不断进行的媒介变迁和感官转型之中。还有什么生命经验和历史记忆可以以任何一种介质传递下去吗？什么又是"可传达"的？虽然一切都可以技术复制，虽然一切（乃至个体的意识）都可以通过数码化得以保存……

于此，我要特别向译者王凡柯表达敬意，并作为读者向她道谢。她的辛勤研究和杰出翻译不断为我们呈现出本雅明的多媒体和多面相。在这之前，她对本雅明十四行遗稿的翻译带给了中文读者一个诗歌的本雅明，而今，她又把我们引向一部本雅明电台，精心编译，复现出节目的声吻和文稿的电波。翻译，或许是我们身上最低限度的"可传达性"之一种吧，而王凡柯在本书中完成了一次不可思议的传达。由此，本雅明开始在汉语中广播了。

2023 年 2 月

于马萨诸塞州炼狱溪畔

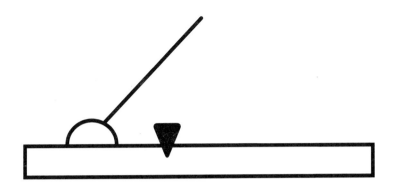

ERSTER HAUPTTEIL
Rundfunkgeschichten der Jugendstunde

第一部分

青少年广播

神魔般的柏林

今天，我将从我十四岁的经历开始说起，那时我还是一所寄宿学校的学生。按照此类教育机构的惯例，学生和老师每周都会有几个晚上聚在一起，组织一些像是音乐会或专题讲座或诗歌朗读之类的活动。有一天晚上，一位音乐老师为我们主持被我们称为辩论夜的师生活动。他是一个可爱的小个子，严肃的眼睛里流露出令人难忘的神情；他有着我见过的最反光的头顶，一圈黑色的卷发在他的头顶呈锐利的环状，犹如一圈半开的花环。他的名字在德国的音乐爱好者中广为人知：奥古斯特·哈尔姆（August Halm）。这位奥古斯特先生来到我们的师生活动中，为我们讲述 E. T. A. 霍夫曼（E. T. A. Hoffmann）的故事，而这位霍夫曼，正是我今天想和你们聊聊的作家。我不记得我的音乐老师当时具体给我们读了什么，不过也没关系，因为我反而清晰地记得他在为我们朗读之前介绍霍夫曼时说的一句话，那就是霍夫曼作品的特点，以及作家本人对奇异的、古怪的、神秘的、未知的以及一切不因循守旧事物的热衷。在我看来，这些描述大大地调动了我们这些男孩的胃口，让我们对接下来的故事感到异常兴奋。但奥古斯特在当晚活动结束时说的话，我至今都没有忘记，他说："为什么有人要写这样的故事，我下一次再告诉你们。"我到如今都仍然在等待他说的"下一次"，既然这位好心人如今已经去世，那么这个解释——如果有的话——或许会以一种更为诡异的方式来到我的面前，对此，我宁愿赶在它的前面。今天，我将努力为你们履行二十五年前别人对我做出的承诺。

如果我想稍微糊弄过去，我可以让这个问题变得非常简单。我只需要用"作家为什么要写作"而不是"作家为了什么而写作"来设问，因为前者的答案非常简单。作家为什么写作？写作的理由成千上万。因为他喜欢编造故事；或者是因为那些想法、那些图像将作家的脑海如此牢牢地占据，使他唯有把它们悉数写出来才能获得平静；或者是因为作家用写作来面对人生中的问题与疑惑，使他能够在虚构的角色命运中找到一种解决办法；或者仅仅因为他只学会了写作这门技能；再或者，非常不幸的，并且也极为常见的一种情况是，因为他什么也没学到。至于霍夫曼为什么写作，答案并不难。霍夫曼就属于被他笔下的人物牢牢占据脑海的那一类作家。无论是双影人，还是那些令人毛骨悚然的角色，当他写作他们的时候，他真的看到他们环绕在他的周围。不仅在他写作的时候，而且还包括日常中，比如在餐桌上，在葡萄酒或潘趣酒的杯盏交错间，在最世俗天真的交谈中。我们的作家就不止一次在共进晚餐时用这样的话打断与朋友们的交谈：

"抱歉，亲爱的朋友，请原谅我又在和您的谈话中走神。但是，难道您没有注意到，在您右手边的角落里，有一个被诅咒的小矮人正摇摇晃晃地从地板底下偷偷溜出来。您看，这淘气的小恶魔他要干什么呢！快看，快看，现在他溜走了！哦，别难为情，亲爱的小精灵，快过来和我们待在一起吧，来听我们愉快的谈话吧——你绝对想象不到你的陪伴会给我们带来怎样的快乐——嘿！又是你！——你不想再靠近一些吗？你不想再多享受一些吗？你想对我说什么呢？嗯？你要走了？别走啊！我可是你卑微的仆人。"

如此种种。他还没有说完这些胡言乱语，便瞪大眼睛望着奇异事物出现的角落，走上前去打量。之后，他又转过身来走向餐桌，回到他的位子上，平静地让朋友们继续刚刚的谈话。以上就是来自霍夫曼身边朋友们的亲口描述。而当我们作为读者阅读霍夫曼的《荒凉屋》(*Das öde Haus*)、《古堡恩仇》(*Das Majorat*)、《金罐》(*Der goldene Topf*) 等作品时，我们完全能体会到这种身临其境的感受。如果再加上恰当的外部环境的推波助澜，这些精怪故事的感染力可能会有最为惊人的效果。我就以自己的亲身经历来举例，这样的阅读体验曾经就发生在我自己身上，在我这里，那种推波助澜的外部环境来自我父母对我阅读霍夫曼的禁令。小时候，我只能趁着父母不在家的晚上，偷偷地阅读霍夫曼书中的故事。我记得有一天晚上，我独自坐在餐厅的吊灯下看书，那是在我卡莫尔街上的家中，整个房子里没有一点声响，我读的是《法伦的矿井》(*Die Bergwerke zu Falun*)。在周围的黑暗中，所有的恐惧像鱼一样逐渐在桌子的边缘聚拢，而我的眼睛犹如盯着一艘救生筏一般盯着书中的翻页，其中的恐惧源源不断地向我袭来。还有一次，这次是在白天，我记得我自己站在门微微敞开的书柜前，一声奇异的怪响把我吓得毛发倒竖，立马把书扔进书柜。当时我正准备读霍夫曼的《古堡恩仇》，然而书中恐怖的内容和被父母抓住的恐惧变得双倍骇人，吓得我几乎看不进去书里的任何一个字。

海因里希·海涅 (Heinrich Heine) 在评论霍夫曼时曾说："即便是魔鬼都写不出这样邪恶的东西。"事实上，这些作品中的鬼魅、精怪和恐惑之物与魔鬼密不可分。如果我们试图探索这一点，我们已经从霍夫曼写作的缘由中找到了答案，找到了他写作的神秘目的。众所周知，魔鬼还有诸多其他的特点，比如智慧与知识。任何了解霍夫曼作品的人都会立刻明白我在说什么。要我说的话，霍夫曼作品中的叙述者总是以一种敏感易察的讨厌家伙的形象出现，捕捉那些千方百计地利用自己的精致伪装的精怪。是的，这位叙述者总是固执地认为，那些平日里受人尊敬的档案管理员、医务人员、大学生、果园里的妇人、音乐家或是贵族的女儿们都不是他们看上去的样子。正如霍夫曼本人一样，在现实生活中，他不过是一个在法院工作以此糊口的有些学究气的人。然而，换句话说，这意味着：霍夫曼故事中出现的精怪角色，并不是靠作家在远离世俗的书斋中凝神沉思而想象出来的。就像许多伟大的作家一样，霍夫曼不会空中楼阁般地塑造人物角色，而是把他们建立在非常具体的人与事之上，建立在具体的房屋、外物乃至街道等现实之上。正如你们可能听说过的那样，那些通过观察别人的脸、步态、手、头型就能判断这个人的性格、职业甚至命运的人，被称为面相学家。因此，霍夫曼与其说是预言家，不如说是观察家。"观察家"是"面相学家"杰出的德语同义词。而对于霍夫曼来说，他观察的主要对象就是柏林这座城市，以及居住在这座城市中的人们和他们的日常生活。

霍夫曼以菩提树下大街上的一所房子为原型创作了《荒凉屋》，带着某种苦涩的幽默，他在序言中谈到他的第六感从何而来，那就是对我们日常生活中显现出来的任何微不足道的不寻常之物的审视天赋，无论是人物、行为还是事件。他热衷于独自在街上游荡，观察迎面走来的每一位路人的样态，甚至在心里猜测他们可能的命运星盘。他可以接连几日悄悄地跟踪一些无名之辈，那些身上带着奇怪特征的陌生人，比如他们也许是打扮奇怪的人，或是拥有奇怪声音和情态的人，再或是举止颇为怪异的人。他时常感觉自己与超自然现象有密切的接触，并且随着他这种感受的加深，这种越来越与超自然现象紧密联结的精神世界也深深地困扰着他。在柏林的一个正午，理性的日光照耀，作家的精神穿过国王大街的喧嚣，来到旧市政厅附近硕果仅存的中世纪遗迹；他的精神在绿意葱葱的街道上感受到玫瑰和康乃馨的神秘芬芳；菩提树下大街上那些优雅的人群让他深深地着迷。人们可以称霍夫曼为柏林小说之父，当柏林被称为"首都"、蒂尔加滕被称为"公园"、施普雷被称为"河流"时，柏林的城市踪迹在这种普遍性的名称中消失了——想想德布林的《柏林，亚历山大广场》——所幸霍夫曼在我们的时代将柏林重新复活。

"你一定有，"霍夫曼让自己笔下的一个角色对另一个角色这样说道，这同样也是他的心声，"把故事场景搬到柏林城中，并且准确到街牌号码和广场名称的明确理由。不过，总的来说，准确的场景对我来说也不是坏事，通过事物的显现而获得历史的真相，这对于人们日益懒散的想象力也不是坏事。更重要的是，尤其对于那些熟悉柏林的人来说，能够体会到难以名状的生动性与新鲜感。"

当然，我现在就可以向你们举出证明霍夫曼是柏林观察家的许多例子。我可以从他作品中描述的那些建筑开始，从他自己在陶本街夏洛特角的公寓，到敦豪夫广场上的金鹰，再到查里奥滕街上的路特与魏格纳餐厅等，不一而足。但我认为，我们更应该把重点放在清晰地考察霍夫曼是如何观察柏林的，以及柏林在他的作品中留下了怎样的印记。我们的作家从来都不是那类特别热衷于独处、自由地向往着大自然的人。与人交流，置身于人群中观察他们，仅仅是打量他们的外貌，对他而言，就比什么都重要。霍夫曼喜欢在夏天外出散步，每当傍晚天气好的时候，他都会出门闲逛，每次都是去公共场所，因为在那里他能遇到足够多的人。他熟知城里的每一家酒馆、每一家甜品店，这些店铺他几乎都去过，若好不容易碰到一家以前未曾到访过的新店，他一定会进去瞧瞧，看看是不是有人，有哪些人在那儿。对于霍夫曼来说，去酒馆这样的公共场所并不单单是为了寻找那些能够激发他奇异创作灵感的新面孔，而是相当于诗学实验室，每天晚上，作家都在这些实验室里试验他的故事能为他的朋友带去什么样的化学反应。霍夫曼其实并不是一个写故事的人，而是一个讲故事的人，甚至在他的书中也有许多故事，是通过角色讲述的方式托出的。基本上，霍夫曼本人就是这样的一个讲述者，他和他的朋友们习惯围坐在一张桌子旁，每个人依次讲述最好的故事。霍夫曼身边的某位朋友非常明确地告诉我们，霍夫曼在酒馆时从不闲着，而你们可以看到，很多人坐在那儿，除了喝酒和打哈欠其他什么也不做。霍夫曼与他们相反，他用猎鹰般的眼睛四处张望，他在酒客中仔细留意那些惹人发笑的、引人注目的甚至是颇为感人的怪癖，对他来说，这些都将成为他的，以及由他带来的作品背后的资源宝库，霍夫曼能够非常熟练地运用一支有力的鹅毛笔在纸上将它们悉数写下——他是如此娴熟的素描艺术家。但是如果他对聚集在酒馆里的客人感到不满，或者对餐桌上那些心胸狭窄的小资产阶级客人感到厌烦时，那么他就会变得完全无法忍受，他会非常糟糕地运用自己的社交艺术——做鬼脸，让人难堪，吓唬人。然而，对霍夫曼来说，最大的恐惧来自柏林盛行的所谓审美茶会：一群附庸风雅但无知又令人费解的人的聚会，他们吹嘘着自己对艺术和文学的兴趣。霍夫曼在他的《奇幻作品集》中非常幽默地描述了这个群体。

如果我们就此结束今天的谈话，那么有人一定会指责我们，说我们忘记了开始的那个问题：霍夫曼为了什么而写作？我们当然始终牢牢记着这个问题，甚至在刚刚的谈话中已经不经意地把答案告诉了大家。霍夫曼为什么写这些故事？他肯定没有自觉地为自己设定任何有意识的目的。但我们阅读他的作品时却感到，好像他为自己设定了一些目的，而这些目的只能在城市观察的意义上才能够解释。正如我们之前所说的：这个朴实、清醒、开明、智慧的柏林不仅存在于中世纪的角落，它存在于偏僻的街道和贫瘠的房屋里，存在于城中各个阶层的每一位劳作的居民身上，这里的街头巷尾都充满了让讲故事的人兴奋不已的东西，只要你能够留心观察。似乎霍夫曼真的想用他的作品来教育读者这一点，他临终前讲述的最后一个故事实际上就是关于如何观察的教程。

这个故事叫作《堂兄的角窗》(*Des Vetters Eckfenster*)，故事中的堂兄就是霍夫曼自己，角窗就是霍夫曼住所的窗户，它能够眺望到御林广场。这个故事实际是由对话构成的。已经瘫痪的霍夫曼坐在扶椅上，俯视着每周的集市，指导前来探访的堂弟，告诉他如何从女摊贩及其顾客的外貌服装、姿态动作、行为风格乃至手势表情中发现许多东西，甚至推演和想象出更多的东西来。在为霍夫曼的信誉说了这么多褒奖之后，让我们最后来说一些大部分柏林人不会怀疑的事情：他是唯一让柏林闻名国外的作家，曾经有段时间在法国风靡一时，法国人喜爱他并阅读他的作品。但是在德国包括在柏林的时候，谁都不想搭理霍夫曼，甚至没有一条狗想叼走霍夫曼身上的一片面包。现在情况变了，霍夫曼作品的平装版本重新回到了大众的视线，并且相比起我的童年时代，越来越多的家长允许他们的孩子阅读霍夫曼了。

🎙 播出信息：

1930 年 2 月 25 日在柏林广播电台播出。这一天，柏林广播电台宣布开播一档名为"青少年时刻"[1]（每日 18：00—18：25）的节目，广播员为"瓦尔特·本雅明博士"。

---

[1] 这档"青少年时刻"节目，在柏林叫"Jugendstunde"，在法兰克福叫"Stunde der Jugend"，只是语法不同，意义相同。——本书脚注如无特别说明，均为译者注

　　　　　　　　　第一部分：青少年广播

西奥多·霍斯曼

　　这个名字你们听起来熟悉吗？也许不会。在你们自己的故事书中已经找不到这个名字了。但是如果有一天，你们从爸爸妈妈的书架上抽出一本他们曾经拥有的书来，也许还能在扉页上找到这个名字。如果你们找到了这个名字，那就说明这本书中的插画皆出自他手。但由于他本人是个过分谦虚的人，已经很久不为自己的插画署名，那么对大家来说，你们兴许早就看过他的画作了，只是不知道作者是他。

　　是的，霍斯曼是一位画家。为什么我们要在今天的"青少年时刻"谈论他呢？首先，严格意义上来说他可不是柏林本地人，而是一百二十三年前出生于哈维尔湖畔勃兰登堡的外乡人。其次，在电台上讨论一位画家，这算不算一个昏头的主意？如果我为大家详细地描述他的作品，这似乎才合情合理。但是我却并不打算描述他的任何一幅绘画作品，而是想为大家讲述这个男人如何开始拿起画笔，又如何开始临摹以及为书籍绘制插图，我还想和大家聊聊别人又是如何看待他的作品的。这样，你们一方面马上就能领会到这是个什么样的男人，另一方面也能明白，为什么我要在"青少年时刻"谈论这个男人，即使他出生在世界上一个叫勃兰登堡的地方。

霍斯曼一生都没有机会受到追捧，尤其没有机会被柏林人追捧，尽管他与他们共同生活，为他们工作。为什么会这样呢？我们稍后再交代原因。无论如何，这同样也解释了，为什么他在生命晚期收到一封来自家乡某位博士的书信，信中提出想要了解霍斯曼的童年时期以便自己更好地为他写书时，画家本人大为意外的原因。我们不妨从霍斯曼的回信中——写完这封回信的第五年画家就去世了——寻找答案："那是 1816 年，从那时起的事儿我从未忘记。"——那个时候霍斯曼只有九岁——"我们在莱茵河畔的杜塞尔多夫登陆，坐在一条破败的小船上，船上覆盖着防水布，它原本不过就是用来运输水果的货船。那时，我们终日忍受饥饿。我父母的所有财产都在与拿破仑的战争中毁于一旦，在无尽的颠沛流离中我们空无一物。父亲每月 16 或 17 枚塔勒[1] 币的薪水在飞涨的物价面前显得微不足道，我们依然没法解决最基本的温饱问题。在杜塞尔多夫的一处船员宿舍中，我们有了第一个家，一间刷白的小屋。我还太小，便觉得很高兴，兴致高

1　即 Taler，一种曾在欧洲使用了四百多年的银币名称，15—19 世纪德国通行的货币单位。

昂，我甚至不明白为什么我的母亲和姐姐终日啜泣。装着颜料的画盒让我宽慰，只要能在任何犄角旮旯的地方幸运地拾到一小张纸片，我就觉得幸福得不行。但是生活还是变得日益严峻了起来。我可怜的、病中的母亲与我的姐姐每日劳作，从天光蒙蒙的清晨直到黝黑的深夜，哪怕是寒冷的冬天，她们也围坐在铁皮围拢起来的小煤油灯旁钩着窗帘的花边。那时我也得挣点钱贴补家用，因此我在安茨与云克尔曼绘图厂（Arntz & Winckelmann）里谋得了一份差事，在那里我成天都能做我打心眼里最想做的事儿，我整日用颜料和画笔来满足内心的渴望，尤其当我每周末还能给我深爱的母亲带去些许钱的时候，我就是世界上最快乐的孩子。"

由此，我们得以在霍斯曼本人的绘画作品中反复看到这一主题：在一个穷困潦倒却宁静平和的家庭中，每一位成员都日夜不停地为了微薄的报酬而辛勤劳作。画家笔下的家庭中通常还有一位病中的母亲，或是一个在小床上发着高烧的孩子。因为那个时期霍斯曼所绘的青少年插图读物尤其偏爱这一类主题，即希望通过这类伤感的故事让孩童读者们有所触动，而画中那个生活悲惨却坚守美德的主人公通常都拥有一个完美而幸福的结局。但这么做也许是不对的。想要了解世界是孩童的天性。如果人们仅仅展示世界中光明和善意的一面，那么他们肯定会自己站起来，自行去了解这世界的另一面。我们还从未听说过《马克斯和莫里茨》[1]会让孩童们变得越来越顽皮和捣蛋，比如试图用粉笔灰塞满老师的烟斗。——让我们继续回到霍斯曼的话题上来。当他执笔写这封回信的时候，霍斯曼已经是艺术学院的教授和艺术家协会的成员了。但在这之前他所经历的道路布满了辛酸与苦楚。他在还不满十二岁的年纪就要开始赚钱养家，我们只消想想这位在不足十五岁的年纪就能成为绘图厂里最年轻的画师，并且每年能挣上高达两百塔勒报酬的事实，就能明白那时的小霍斯曼有多勤勉，多能干。

我还不得不插一句，因为它对霍斯曼来说十分重要，那就是这家叫云克尔曼的绘图厂之后就从杜塞尔多夫迁至柏林。在这家绘图厂中工作的经历几乎决定了霍斯曼的一生，而它比画家本人还多活了近五十年，直到最近才销声匿迹。正如霍斯曼说的那样，这家绘图厂与平面印刷几乎是共同成长起来的。平面印刷就是石刻印刷工艺，是指用化学粉笔或钢笔在石板上绘制图纸的技术，以便在染料覆盖后能够对其进行复刻和印刷。这项技术在 18 世纪末被发明，但是足足花了大约二十年的时间才实现大规模量产的实际使用。这项技术让

1　即 *Max und Moritz*，德国最受欢迎的儿童读物之一，1865 年首版，以押韵诗的方式讲述两个淘气小男孩的七个恶作剧，作者为威廉·布施（Wilhelm Busch，1832—1908）。

法国与德国的绘图工业发生了本质上的改变。1816 年，当第一本带有精美的平面印刷插图的儿童读物——由威廉·海伊（Wilhelm Hey）编撰、奥托·史派克特（Otto Speckter）绘图的《寓言百则》（*Hundert Fabeln*）——问世时，云克尔曼绘图厂立即萌发了以平面印刷术发展儿童读物作为主要业务的想法。为了业务发展，他们搬来了柏林，而他们找不到比霍斯曼更好的员工了。受雇于出版社的合约，霍斯曼从此驻扎在柏林城中，他的敏锐观察与细致研究，让他成为该时期最了解柏林日常生活的人。那时，画家们热衷于将巴黎或者意大利作为自己的艺术之旅或教养漫游的目的地，霍斯曼对此并不感兴趣。他最远的旅行也不过就是比利时西北部的安特卫普或奥地利西部的蒂罗尔州。在他看来，柏林的夏洛滕堡（Charlottenburg）或舍纳贝格（Schöneberg）就已经是宜人的闲暇之地。夏天，他会与家人一起去勃兰登堡州的巴特·弗赖恩瓦尔德（Bad Freienwalde）度假，他认为此地十分雅致，偶尔也抱怨当地高昂的物价。

霍斯曼的艺术全然来自他的手艺。除了让自己越来越娴熟之外，他既没有伟大的艺术理念，也没有成形的艺术流派。但是他的观察之清醒，画法之准确，感受之深刻，甚至带着某种感伤的诗意都使他与身边的描绘对象，与柏林如此紧密地联系在一起。霍斯曼在城中居住的五十年间笔耕不辍，从该时期的绘图和素描作品中,我们得以从各个方面了解柏林的生活。无论是周末乡村聚会中近郊远足或在小酒馆打着三人纸牌的小市民,还是工作中的工匠、扫烟囱的人、拾垃圾的人、泥瓦工或制鞋匠、军人或家佣、打扮轻浮的登徒子、假日骑士或乐师,在他的绘笔下皆栩栩如生。人们有理由相信,柏林人不可能不为这样的画家感到骄傲,他充满爱意地从每个小细节里追随着这座城市。然而事实却截然相反。究其原因,正是柏林的教养人士身上所谓的"高雅"艺术品位在作祟。霍斯曼的艺术作品在他们看来实在平庸,不够高雅也不体现教养。关于艺术,当时柏林的教养人士在以下问题上争论不休,即判定两种艺术风格作品之间的高下:一种是对恢宏的历史现场的精妙复现,比如描绘出伟大的战争、国会大厦和加冕礼的场景;另一种是所谓的风俗画(Genrebild),艺术家在绘画中着力表现日常生活中奇异的不寻常之物,在这一类作品中没有皇帝,没有军队,却时常出现修士、沙龙客、学究和浮夸的登徒子。比如这类画中会出现一位举着高脚杯的胖修士,他正在微笑,对着透过杯中葡萄酒而闪烁的日光;再比如这类画中还会有这样的场景,一位正低头读着情书的妙龄少女,而她的身后,写信的情郎正探头从虚掩的房门向内窥望,企图给她一个惊喜。诸如此类,这些琐碎之事才是彼时柏林人最为热衷的题材,至少是那些眼中只见自己的浅薄之人。

但是感谢上帝，柏林城中还有其他人，还有普通市民和青年孩童。霍斯曼的艺术只为他们而作。他对普罗大众，尤其是对柏林人民的热爱，让他终于遇上了真正的知音，大名鼎鼎的阿道夫·格拉斯布伦纳（Adolf Glassbrenner），一个率先将柏林的人民和方言带入文学领域的语文学家。1834年，他们合作的首部作品诞生：一本收编于"柏林：城市导览及饮酒指南"（*Berlin, wie es ist und trinkt*）系列丛书的小册子。它同时成了以后诸多这种系列的样板，类似于我们如今常见的有插图的杂志。只不过这些当时只在纸店有售的小册子，无论是被称为"缤纷的柏林"还是"有趣的士兵肖像""柏林的街头八卦"或"漫画版庭审现场"，与我们现在的图文报刊相比要小巧许多。因此，人们可以将它们轻松地插入口袋，而不必担心那漂亮的彩色封面被挤出褶皱。但是，它也有特别之处。也许你们知道所谓的"三月前"意味着什么，那是指1848年三月革命爆发之前。众所周知，普鲁士国王曾许诺解放战争开始时实行普选权，但后来他并未兑现该诺言。恰恰相反，出现了另一种极端的反应，那就是每一个写作的人都处于严密的监视之下，以防他们写出任何对政府不利的东西来。历史上常常有印刷制品被严格管控的时期，一旦不合当局的胃口，就会遭到禁令。然而拒绝屈服的人们却始终能够找到表达自己所思所想的可能途径，这么说吧，他们的写作方式既能够让大众领悟，又让当局无法抓到把柄。格拉斯布伦纳就是这样的人。他的话如此掷地有声："我们与大多数人隔绝开来，因为古怪的习俗和教育，因为钱，因为语言和服饰。但是，如果我们不与人民群众联合起来，不与他们达成共识，就不可能有自由。"格拉斯布伦纳创造的新艺术形式，正向人们展示了普通大众乃至他们日常语言中蕴含的力量，尽管普通大众曾长久地遭到忽视或受到奴役，如今却是我们学习的对象。在重要的事情面前，格拉斯布伦纳的想法与勇气，同柏林无产阶级的代表"听差南特"[1]或是柏林市民阶级的典型并无二致。事实上，1848 年，柏林大部分资产阶级与工人阶级手挽手地站在城堡前就是这种情形。

是的，我们说的正是与霍斯曼共同创作的那个格拉斯布伦纳。但不得不说，他天生依然是个小心谨慎，甚至可以说有些小家子气的男人。例如，当他在 1848 年 11 月向一位朋友写信报告柏林城内的骚乱时，他这样写道："亲爱的舒尔茨，我正写信向您讲述的这些，都是我亲身经历的，但我不允许自己对这些事情作出更进一步的判断，并且我也恳请您，放

---

1 即 Eckensteher Nante，荷尔泰（K. Holtie）的《柏林的悲剧》中的人物之一，贝克曼（F. Beckmann）根据这个形象创造了通俗滑稽戏《听差南特在受审》，该人物名称通常用来指那种随时用柏林方言高谈阔论并说出俏皮话的小丑。

第一部分：青少年广播

弃事实之外的任何判断或评论，以防我们自己先陷入了胡思乱想，明白吗？"当时柏林城中可怕的场景在霍斯曼的作品中也可窥得一斑。但霍斯曼当时只想作画。某种程度上，他与他的朋友格拉斯布伦纳在面对革命者的态度上基本保持一致，比如在他们的插画册子中对"听差南特"受审的描绘中就能看出来，他为自己挺身而出，甚至在面对位高权重的官员时也获得了胜利。现在已经到了节目的尾声，我依然不打算描述霍斯曼的作品，接下来，我更愿意为你们朗诵"听差南特"在受审篇中的选段：

"站近一些。"法庭上的书记员说。

"好嘞。"南特一边应声，一边往前挪了挪身子，用手将脸上的头发抹到一边，威风凛凛地站在那儿。

书记员：现在我们能开始了，正义先生。请您告诉我，他是谁？

南特：你。

书记员：您说什么？

南特：请用"你"称呼我，我才不会用"您"来称呼我自己。

书记员：我想知道他叫什么名字。他不是"听差南特"吗？

南特：是的，这是我的荣幸。不要假装你不认识我。如果南特不是我，还能是谁？南特就是南特，永远是那个人。

书记员：出生地？

南特：是的，我出生了。Je suis（**法语：我是**）。抱歉，我讲话时喜欢时不时加点儿法语。

书记员：我问他在哪里出生。

南特：哦，在哪里出生的！我这个大活人是在罗斯大街上出生的，但在这之前，我住在我的母亲那儿，之后我才从她身上搬了出去，因为我长出两条腿儿了，再后来，我就开始磨牙⋯⋯

书记员：十条腿？[1]

南特：我有牙齿。您瞧，它们在这儿。那时我除了磨牙，还咬不动任何东西，真是不幸。

书记员：宗教？

南特：宗教？

书记员：你的宗教信仰是什么？

南特：哦，我还以为要跟着您再说一遍。新教！

书记员：是否曾经接受过调查？

1　前文"二"（zwee）在南特所使用的柏林方言中发音类似标准德语中的"十"（zehn），后者又与下文的牙齿（Zahn）发音近似。

南特：上帝可证，就两次！一次吧，是因为我没有工作，我就想研究[1]看看，我能不能靠吃风生活。第二次吧，是不久之后我到这儿受的调查，因为我从面包师傅那儿借走了两块面包，但我什么也没和他说。哎呀，我想着还有第三次呢，那是我自己想调查的事儿啦，因为我发现了一块马蹄铁……

书记员：你去调查这事儿？你是不是疯了？

南特：我疯吗？上帝可证，我还好吧，可不比您疯得厉害——总之呢，我在回家路上发现了它，我把它带回家后还细细打量了一番。人们只能在路上捡马蹄铁却捡不到马，这可真是挺倒霉的。

书记员：够了！够了！

南特：好嘞。（转身想走）

书记员：等等，您还没完！

……

播出信息：

1930 年 4 月 14 日在柏林广播电台播出。

---

1 上文 Untersuchung 为多义词，既有庭审官所言的"审查"之意，也有南特这里所言的"研究"之意。

猎巫审判

小听众们，你们第一次知道女巫这回事儿，应该是在《汉泽尔和格蕾特》的童话故事里吧。女巫对你们来说是什么样的？一个邪恶而危险的林中妇人，她独来独往，人们最好不要被她诱入怀中。当然，你们小小的脑袋里也有许多疑惑：女巫如何与魔鬼或上帝站在一起？她们来自哪里？女巫们会什么？她们又不会什么？不光你们感到费解，事实上，人们对于女巫的思考与揣测已有数百年历史了。就像今天的孩子们都相信童话故事是真的一样，过去的人们大多也相信女巫的真实存在。但是，很少有孩子，无论多小，会按照童话故事里那样生活。在那个时候，极少有人会考虑在日常生活中选择女巫作为信仰，他们满足于用简单的符号来保护自己，例如把马蹄铁挂在门上，把圣像图或护身符藏在衬衫底下贴近胸口的地方。

这就是古代人们的样子，当基督教兴起的时候也几乎没有太大改变，至少没有更糟，因为基督教反对信仰邪恶的力量。基督打败了魔鬼，让他下了地狱，因此，基督的信徒对邪恶势力从来都无所畏惧。至少最初的基督教信仰是这样。诚然，当时也有声名狼藉的女性，但她们主要是女祭司、异教女神，在群众中的威信也并不高。相反，人们通常为她们感到难过，因为魔鬼愚弄了她们，让她们相信自己拥有超自然的力量。在公元1300年前后的几十年中，所有这一切都在不知不觉中发生了，但没有人能够说清楚其中发生了什么。但是毫无疑问的：在数百年的历史中，与其他异教迷信相比，女巫信仰所招致的邪恶祸端并不比它们少，也不比它们更多。大约在14世纪中叶，人们开始嗅到身边有女巫和巫术的味道，不久之后，到处都近乎陷入了猎巫审判的狂潮。几乎是突然间，产生了关于女巫行为的正式学说，而每个人都想确切地知道女巫们聚在一起做什么，她们拥有哪些神奇的力量以及她们对哪些人虎视眈眈。正如我刚刚说的，我们可能永远无法完全了解，事情是怎么发展到这一步的，因为令人惊讶的是，我们对猎巫审判的起因知之甚少。

如今，迷信对我们所有人来说都不陌生，这是寻常百姓中最易传播也最根深蒂固的东西。但是女巫迷信的历史却向我们表明，事实并非总是如此。在14世纪，当这种迷信表现出它最僵直和最危险的一面时，正值科学技术蓬勃发展的时代。十字军东征开始了，它给欧洲带来了最新的科学理论，特别是自然科学领域的知识，在这方面阿拉伯国家遥遥领先于欧洲。听起来似乎不太可能，但正是新自然科学使巫术变得更为强大。事情是这样的：在中世纪，我们如今称为理论的纯粹预测或描述性学说与技术性的应用科学——也就是我们如今所称的自然科学——尚未完全分离，而当时所谓应用性的自然科学，又与魔法巫术几乎是同一回事儿，或者说十分接近魔法巫术。当时的人们对自然知之甚少，尤其对自然世界中神秘力量的探索和运用在他们眼中近乎是神奇的魔法。如果不是作用于邪恶的目的，这类魔法是被允许使用的，并且与暗黑巫术相对，它被直接冠以白色的称谓，人们称其为"白色魔法"。因此，当时人们始终把从自然界中学到的东西归为魔法和迷信，比如对于观星术的信仰、对炼金术的崇拜，等等。然而，随着白色魔法信徒的日益增加，人们对黑暗那方的兴趣也逐渐增加。

然而，自然学说并非当时唯一促进女巫信仰发展的学科。在人文领域是这样一番情形：出于对黑魔法的信任以及对它的实践，当时的哲学家们——主要是神职人员——提出了许多在我们今天看来都不易理解的问题；就算我们最终能够理解它们，也足以让我们感到毛骨悚然。最重要的是，人们想要弄清楚，女巫们所施行的巫术与其他邪恶异端的巫术有何不同。然而所有女巫都无异于邪恶的异教徒，长久以来人们就明白这一点，这些女巫不相信上帝，或者说不以正确的方式相信上帝，教皇常常这样教导人们。上面我们说到，人们想要弄清女巫们的巫术与其他黑暗艺术的巫术有何不同，若不是百年后的猎巫审判到达顶峰，这种荒诞、诡异并且无比可怕的比较还要延续下去。后来有了两个人，他们非常认真地对待所有这些荒诞的想法，将它们收集起来，逐一进行比较和研究，从中得出结论，并用它们来指导人们如何找出真相，针对那些被指控使用巫术的人。这就是那本著名的《女巫之槌》[1]。我敢说没有什么书比这三卷本给人们带去更多痛苦了。根据这些著书者的观点，如何辨认女巫？书中告诉我们，对于女巫们来说最重要的是：她们已经与魔鬼正式结盟。她们已然抛弃了上帝，并答应魔鬼会效忠于他的所有意志。同时另一方面，魔鬼也应该向女巫们承诺了一切可能的好处——当然是针对尘世的生活——但这显然是个谎言，魔鬼是谎言之父，他从不兑现自己的诺言，女巫们几乎从来不曾，至少到最后都没有受到庇佑。无论如何，书中列举了女巫们借助魔鬼的力量所能达成的无限成就，解释了她们如何成功地施行巫术，以及为了确保黑魔法的成功而如何在日常遵循某些风俗与习惯。你们中的有些人，已经去过哈茨山谷里的女巫小镇，到访过曾经是女巫们集会场所的女巫广场（Hexentanzplatz）以

1　即 *Hexenhammer*，由天主教修士克拉马与司布伦格于1486年所写的有关女巫知识、识别女巫以及如何检举女巫的书，1487年首版于德国。

及瓦尔普吉斯会堂（Walpurgishalle），并听闻过哈茨山谷里有关女巫的传闻。据说每年5月1日女巫们都会在那里集合，或者骑着扫帚从一个烟囱飞向另一个烟囱。但是今天，我想给你们讲些你们不知道的东西。

对于女巫们的许多举动，我们只能用神奇来形容。因为在三百年前，对于人们来说，没有什么比女巫更自然而然的事儿了。她走进田野，向着天空举起双手，就能降下冰雹；她走向牛群，只需向它们望一眼，就能施术使它们流出鲜血而非牛乳；或者她们能从林中的柳树皮下取出汩汩的鲜牛乳或葡萄酒；她们还能够随意变身为山猫、野狼或乌鸦。而在女巫的指控落下之前，她们可以在任何时候任何地方做任何想做的事情，不论在自己家中还是在田间野外，不论在虔敬上帝或是在嬉戏玩耍中，她们的所作所为都不会和邪恶、愚蠢或疯狂联系在一起。甚至在今天我们所说的女巫黄油（指青蛙产卵）、女巫指环（指蘑菇周围的裙边）、女巫海绵、女巫面粉等词汇，都说明女巫这个概念如何无辜地成为某些自然事物的指代。但如果大家想对女巫的生活指南有个简短的了解的话，那么你们必须拥有莎士比亚的戏剧《麦克白》。从中你们可以看到恶魔如何被视为自律的绅士，每个女巫都必须向他汇报，出于对他的敬仰她们又闯下了哪些祸端，犯下了哪些罪恶。就像在《麦克白》中所说的那样，当时，每个普通人都知道女巫，哲学家们当然知道得更多。但是他们为了验证女巫存在而提供的证据过于荒谬，以至于连高年级的中学生都能识出其中逻辑上的破绽。比如1660年就有人写道："任何否认巫婆存在的人也在否认灵魂的存在，因为巫婆也是一种灵魂。同时，谁否认灵魂的存在也就是在否认上帝的存在，因为上帝就是一种灵魂。所以否认女巫也就等同于否认上帝。"

　　谬误与荒诞已足够糟糕，然而，唯有当人们想要在其中引入秩序和统一时，它们才开始变得极度危险，对于女巫信仰就是如此，尤其当哲学家们企图通过某种僵化的做法将女巫迷信定性为某种学说时。我们已经谈到过自然科学家和哲学家。但是现在最糟糕的时刻来了：那就是律法界的专家。就是他们把我们带入了女巫审判——这是我们时代最可怕的灾难，仅次于瘟疫。这股审判之风也像一种流行病那样蔓延开来，从一个国家传到另一个国家，逐渐达到了高潮，无论老幼穷富，无论何种职业，都无法逃脱怀疑和指控。主教、牧师等神职人员与露天市场里的耍蛇人、狂欢节日上的演员一样，在这种指控面前不分伯仲，然而更大的数量来自不同阶级与不同年龄的女性，她们遭受的苦难明显更多。今天，人们已经无法用明确的数字来确定，当时整个欧洲有多少人死于巫婆或巫师的指控与审判，但可以肯定的是，有据可查至少有十万人因此而丧生，事实上的数量也许是它的两倍。我们刚刚提到的那本可怕的《女巫之槌》，它首版于 1487 年并多次重版。这本书是用拉丁文写就的，是一本作为宗教审判员们行动指南的手册。宗教审判员们实际上就是指控官，他们由修士群体组成，由教皇赋予其特殊权力用来打击异端。由于女巫总是被视为异端，因此她们成了审判官们的目标。但是，对付女巫们的艰巨任务远非仅限于此，同时，还有来自其他律法管辖范围的人们渴望参与对付女巫的战斗，那就是除宗教管辖权以外的世俗领域，在这两者之间，后者通常更为糟糕。

早期的宗教审判从没听说过焚烧女巫这样的刑罚，很长一段时间以来，对女巫的惩罚仅为禁止进入教堂或者监禁。接着，查理五世在 1532 年颁发了新的法律法规，即《加洛林纳刑法典》或所谓的"令人尴尬的脖子法令"，其中就提出了对巫术实施火刑的惩罚。但是这种刑罚依然有其限制，那就是只有现实中真实的损害发生时才能执行。然而，许多宗教审判官和王公贵族认为，这仍然太过温和且更愿意遵循"萨克森选侯国（Kursachsen）的法规"，因为根据该律法，即使没有造成任何实质性的伤害，人们也可以焚烧任何一个巫师或女巫。因此，诸多司法管辖领域在女巫审判问题上逐渐形成了可怕的混乱，以至于任何所谓法律或秩序都名存实亡。

那个时候的人们普遍认为，巫师或女巫只不过是魔鬼的容器而已，魔鬼在他们身上寄居，因此，人们坚信自己是与魔鬼的强大法力战斗，而在这场荣誉之战中，任何手段都应该被允许。然而，更为可怕和荒谬的事情是，当时的律法学者找不到一个拉丁文词去描述它。他们称巫术为"例外犯罪"（crimen exceptum），这是一种非同寻常的罪行，它意味着被告几乎无法为自己辩护。比如有人被怀疑和指控为巫师，那么从一开始，他就被视为有罪。就算他有一名律师为其辩护，该律师也终将无能为力，因为人们普遍认为，对那些被指控使用巫术的人来说，他们身旁过于热心的辩护律师自己也会被怀疑就是巫师。律法学者通常将巫术案件视为某种纯粹的专业知识问题，只有他们有这种专业知识，因而可以自行作出判断。而这之中最危险的原则就是，就女巫审判的定罪来说，即使找不到其他任何证据，只要有犯罪者的认罪口供就已足够。然而，这样的坦白在当时意味着什么，我们都很清楚。换一句话说，在女巫审判中，酷刑已成定局。对于那些知道在女巫审判中刑讯逼供是家常便饭的人来说，这些供词的价值显而易见。这个故事最令人震惊的地方之一在于，两百多年过去了，法学家们才意识到刑讯逼供的供词毫无价值。也许是因为他们的书里塞满了最不可想象、最可怕、最令人毛骨悚然的细节，导致他们已经无法容纳和接受最简单的想法。人们相信魔鬼会以他的方式出现。比如，如果某个被指控为女巫的女人始终保持沉默，因为她知道，她说的每一个字，哪怕是最无辜的，都会带她坠入最深的不幸。然而对于审判者来说，这种沉默恰是"魔鬼的唇边封印"，在他们看来，正是魔鬼使用法力让女巫陷入沉默，无法说话。所谓的巫师检验也是这样，有时候为了缩短检验的时间，提高鉴定的效率，会使用诸如"眼泪鉴定"[1]等方式。如果某人在遭受酷刑时没有痛苦地哭泣，那么就会被认为有魔鬼在帮助，因此，她的女巫身份就昭然若揭。再过二百年，医生们才会观察到，或者敢于说出这样一个事实，那就是在巨大的暴力和痛苦面前人们通常哭不出来。

与女巫审判的抗争一直是人类历史上最大的解放斗争之一。它始于 17 世纪并持续了近百年才取得成功，而在某些国家和地区甚至经历了更长的时间。这样的事情经常发生，它并非出于某种认识，而是出于某种需要。上层贵族眼看着他们掌管的领地日益陷入凋零，而经历酷刑的下层人民为了自保而相互指责。一场审判可能会引发数百起审判，并相继持续数年。因此在某些地方，这些审判被简单粗暴地归为禁止。

---

1 即 Tränenprobe，《女巫之槌》中记载的诸多鉴定女巫方式中的一种。当时女巫被认为不会流泪，在鉴定时被告若没有眼泪，就是女巫；而如果她哭出眼泪，那就是魔鬼在作怪，除非能证明是真哭，否则照样有罪。

现在，人们逐渐敢于反思。神职人员和哲学家们逐渐发现，在古老的教堂中根本不存在对女巫的信仰，上帝永远不会赋予魔鬼对人类有如此大的力量；而律法领域的学者们发现，人们再也不能像以前那样依靠诽谤或依靠酷刑获得供词；医学领域的专家们也纷纷挺身而出：有些疾病可能使人们看起来像是巫师或女巫，实际上却并不是；最后，那些有常识的人也逐渐发现了在女巫审判档案中以及在所谓的女巫崇拜中诸多自相矛盾的地方。在此期间，在反对女巫审判的所有书籍中，只有神父弗里德里希·冯·斯皮[1]的作品留名于世。这个男人是曾在年轻时判处女巫死刑的忏悔者。有一天，当一位朋友问他为什么这么早就生出白发时，他回答说："因为我曾不得不将许多无辜的人送去了火刑柴垛。"他的那本关于反思女巫审判的书，根本称不上多么有颠覆性。斯皮神父本人就确信女巫的存在，只不过他全然不信那些所谓的"女巫鉴定"专家以及那些凭空想象的检验方式，而后者在几个世纪以来可以被任何人用来指控和怀疑任何一个其他人为巫师或巫婆。斯皮神父以他这本书的薄弱之躯，用以抵御当时成千上万的拉丁

---

1 Friedrich von Spee，此处应指 Friedrich Spee von Langenfeld，1591 年生于杜塞尔多夫近郊，中世纪德国猎巫审判的反对者。后文他的书指的是他匿名写作的 *Cautio criminalis. seu de processibus contra Sagas Liber* 一书，该拉丁文书名意为"审判必须谨慎，或一本反对女巫审判之书"。

文或德文的胡言乱语和到处爆发的愤怒情绪，他用他的书和它的影响证明了：将人性置于博学和才智之上是多么重要。

🎤 播出信息：

1930 年 7 月 16 日在柏林广播电台播出。

德意志早期时代的盗贼们

如果没有和其他犯罪活动扯上关系，盗贼们始终是最讲究的那一群人，因为他们是唯一拥有历史的人。盗贼群体的历史是德国乃至整个欧洲文化史中不可或缺的一部分。他们不仅拥有悠久的历史，而且至少在很长一段时间内，他们还拥有可以回顾历史的骄傲和具有古老传统的职业自信。几乎没有人能写普通小偷、骗子或杀人犯的历史，能这样做的人只有个位数，最多只有小偷家族中父亲的技法流传到了儿子手中这样的故事。但是盗贼就不一样了。许多盗贼家族都习惯于通过联姻的方式壮大自己的家族势力，他们不仅在整个国家中蔓延，而且还像王室一样彼此建立联系。有些盗贼家族能够生生不息长达半个世纪之久，并且核心成员不断扩展至超过百人。最重要的是，他们拥有古老的习俗和传统、内部秘传的独特语言——盗贼的黑话以及他们对荣誉和地位的看法，所有这些都在几个世纪以来被盗贼们代代相传。

我是这么想的，今天我就打算和大家聊聊这些事儿，聊聊盗贼们的思想、习俗以及他们的信仰。因为如果你们认为辛德尔汉纳斯或利普斯·图里安甚至德米安·黑塞尔，[1] 或与其他任何名字有关的恐怖故事就属于盗贼文化的话，便无法真正了解古代德意志历史上的盗贼群体。

然而，比了解几个强盗首领的生活故事更有趣、更重要的是了解这些盗贼团伙是如何产生的，以及为了更为团结地联结在一起，盗贼们会坚持哪些原则，他们如何与皇帝、贵族和平民进行斗争，而后又如何与警察和司法体系进行斗争，这些可比我们国家里大多数领导人的生平经历都要有趣和重要。不过，我不得不先卖个关子，暂且不讨论盗贼秘密中最美妙也是最重要的部分之一，那就是他们的秘密语言和秘密符号，也就是所谓的行业黑话和盗贼标记，稍后我们将讨论这些秘密。值得一提的是，盗贼们交流的语言，也就是他们之间的黑话，本身便揭示了这门行当的起源。除德语之外，盗贼密语中还有许多来自希伯来语的词汇。这其实已经表明，盗贼文化从一开始就与犹太人有着密切的联系。在 16—17 世纪，许多令人惧怕的盗贼头领常常就是犹太人自己。在这之前更早的时候，他们与盗贼的关系更像是同伙，因为盗贼们

1　辛德尔汉纳斯即 Schinderhannes，真名 Johannes Bückler，18 世纪后期的德意志著名大盗。利普斯·图里安即 Lipps Tullian，或称 "Lips Tullian"，18 世纪早期活跃于萨克森地区的盗贼头领。德米安·黑塞尔即 Demian Hessel，1774—1810 年。

需要在犹太人这儿销赃。这同样解释了为什么犹太人在中世纪会被大多数体面的行当拒之门外，他们落到这般境地的原因我们不难想象。除犹太人以外，吉卜赛人在盗贼群体的形成中发挥了最重要的作用。从他们那儿，人们能够学到独特的狡猾和行骗的艺术，还有无数大胆而高妙的作案手法；在他们那儿，人们还能够学到如何从不法行为中获利。最后，吉卜赛人还把一些艺术表现形式运用到了盗贼密语中。无论是从犹太人还是从吉卜赛人这里，盗贼文化都吸收了大量的异教迷信、原始的魔法咒语和巫术秘方。

在中世纪初期，盗贼团伙的主要业务是抢劫途经的货商和往来的旅人，也即所谓的过路劫匪。由于当时各地贵族的无能，无法确保自己管辖区域内的行路安全，使得盗贼团伙半路打劫的行为十分猖獗，这几乎成了当时的一种普遍的正当职业。与此同时，我们还可以参考当时盛行的较为文雅的盗商会饮。那就是，大型商队需要与盗贼头领在宴会场合中进行谈判，谈妥并支付一定数额的"过路费"，以此确保他们能够自由地通过此地而不受本地盗贼的骚扰。因此，我们就能理解为什么盗贼帮派很早就形成了一种并非只有简单鲁莽，而是有侠义之风或者说军事化作风的行事法则。接下来，我要为大家朗读一份出自 17 世纪的真实的盗贼盟约，它是这样记载的：

我向着我们首领的头颅和灵魂发誓：1. 我将效忠于他并将服从他的所有命令；2. 我将在一切计划和行动中对我的同伴保持忠诚；3. 未经首领许可，我将不得缺席首领安排的所有集会，无论何时何地；4. 无论白天黑夜，只要组织召唤，我必将随时到达；5. 我将永远不留同伴于危难之中，我将陪伴他们直到流尽最后一滴血；6. 在同等数量的对手面前，我将永不逃跑，我将勇敢地战斗哪怕殉身荒野；7. 无论我的同伴遭遇逮捕、受伤患病或身陷其他的意外，我都将挺身而出施以援手；8. 如果我有任何能阻止我的同伴遭遇逮捕、受伤患病以及死亡危险的机会，我都将全力以赴不予放过；9. 如我不幸被捕，我将闭紧嘴巴，永不背叛和出卖我的同伴，也绝不透露我们的住所和营地，哪怕我因此受到严刑拷打和付出生命的代价。如果我没有遵守以上誓言，那么就让我受到这世上最可怕的灾祸和最残酷的惩罚。

　　在有些盗贼团体中，这类盟约誓言也叫作他们的铁板法则（*Plattenrecht*），在维也纳现在都还有称呼小偷为铁板兄弟（*Plattenbrüder*）的俗语。在有些盗贼群体中甚至发展出了一套完整的等级制度，其中就有首脑层、领导层以及管理层等不同阶级，盗贼头领还会时不时地颁发荣誉勋章。在著名的荷兰帮派中，盗贼头领会在抢劫时手持铁撬棒一类的权力之柄，以示他的身份和尊严。同属一个帮派的成员之间的关系有多紧密，不同帮派之间的关系就有多剑拔弩张，盗贼们热衷于给敌对帮派制造一些恶意事端。其中，最为引人瞩目的就是大盗费茨尔（Fetzer）和西蒙（Simon）对朗莱瑟尔（Langleiser）和他同伴的捉弄，因为后者没有给他们共同抢劫明斯特大财阀的机会。出于报复的心理，费茨尔和西蒙及其同伙开始在朗莱瑟尔的地盘上大肆作案，以致该地人人自危，最后导致朗莱瑟尔不得不暂停抢劫明斯特大财阀的计划。

对于盗贼来说，背叛同伴是他们所能犯下的最严重的罪行。盗贼首领们通常具备强大的威慑力，以至于那些哪怕已经指认出他们的手下，在面对他们的目光时会立马撤销所有指控。一位知名的警探曾经这样告诉我，在他对被捕盗贼的盘问中，见证了最令人惊讶的暴力震慑：被指认的强盗首领只需要稍稍露面，他的呼吸就足以让那被盘问的小贼供认不讳，把所有罪行都揽在自己身上。但也不是所有成员都忠贞不贰，自然也有为了自己得到更多的仁慈对待而背叛同伴的盗贼。在这方面，最为特殊的案例来自被称为"波希米亚汉斯"（Bohemian Hans）的著名大盗，在被逮捕的时候，为求脱身他承诺会写一本防盗指南作为回报，以帮助人们识别和预防可能的欺诈或偷窃。但这个可爱的建议并没有被采纳；而且，当时这样的书籍已经不胜枚举。比如著名的所谓《流浪者之书》[1]，用德语来说简直就是盗贼之书，在1509年首次出版时，马丁·路德为此书撰写了序言。现在，让我来为你们读一读序言中的选段：

> 这本首次出版的小书讲述的是流浪者的生活，我们不知道作者是谁，只知道他在行骗艺术上经验颇丰。这本小书证明了，尽管作者没有明确说明它源于自己的生活，但是我认为，这样的书不仅应该印刷出版，而且应该人手一本，因为这本书益处多多。通过此书，人们才能看清并领会魔鬼是如何如此强大地统治着世界，以及我们是否足够明智到以小见大地看问题。本书中出现的许多盗家黑话源于犹太民族，因为其间有诸多希伯来语的语汇，那些会希伯来语的读者肯定会留意到这一点。

接着，路德进一步指出人们还能从书中学到宝贵的教训：宁可出于怜悯而选择主动施舍给乞丐或流浪者一点小钱，也

1　即 *Liber Vagatorum*，也称《乞丐之书》，16 世纪初在德国匿名出版。该书讲述了下层人民所说的神秘语言或曰地下术语，马丁·路德为该书立序的版本则在 1528 年面市。

不要让他们有机会从你身上通过其他方式拿走五倍甚至十倍的钱财。的确，这本书中所描绘的流浪者或乞丐形象，与我们今天所能想象的那群人大相径庭。与我们如今所看到的不同，他们在当时是非常危险的群体，如蝗虫那样成群结队地对城市发起暗攻，虽然他们的外表往往看起来是如此可怜和孱弱。因此，中世纪的许多城市都设有乞丐检察官这一做法就显得并非毫无道理，他们唯一的职能就是以尽可能避免对城市造成破坏的方式，对不断涌入城中的流浪者与乞丐进行严格的监控和管理。盘踞一隅的乞丐要远远少于不断流窜的来自异乡的流浪者，后者与盗贼常常难以区分，就像我们难以区分商贩和强盗一样。许多狡猾的流浪汉戴着小商贩的面具出场，目的不过是打着商品交易的幌子先诓骗人们过来，以便施行他真正的"交易"——盗抢。

正如我们已经说过的，欺诈之术会随着时代的发展而发生变化。随着教会的影响越来越式微，人们的施舍也变得越来越稀少，随着时间的流逝，那种在中世纪流行的假扮虚弱或患病之态的狡猾手段也逐渐消失了。如今的我们根本无法想象，通过诱使人们对手足同胞的痛苦共情，那时候这种欺诈手段有多么猖獗。这种行径最大的优势在于，它能够让最危险的窃贼和凶手看上去人畜无害。比如曾经就有人在弥撒时和大家一起挤在教堂里，当牧师颂祷祝福时，他们就将一块肥皂放入口中，用以制造泡沫，这样一来，旁人就完全相信他们是因为抽搐而摔倒在地。就这样，他们口吐白沫，在众人眼前直挺挺地跌向地面。他们确信，马上就能收到虔诚信徒们的慷慨捐款。教堂大门前的阶梯上坐满了这样的欺诈者：有些人袒露着胳膊，上面有人工彩绘遮掩的镣铐痕迹，他们试图让人们相信，他们在十字军东征时落入敌手，经年累月地饱受奴役之苦；有些人顶着一个剃光的脑袋，向人们讲述自己作为朝圣徒中的僧侣，如何被盗贼们抢走了财物而沦落至此；还有一些人像那时候的麻风病人一样摇晃着摇铃，这样人们就不会靠近他们，而是从远处给他们施舍。这群野蛮而危险的暴徒，只要了解巴黎暴乱的人，便不会觉得他们陌生，两者本质上并无二致。这里就是一个原始而荒芜的宫殿，或者就是人们口中的神奇宫殿，因为在这里，声称瞎子的目光如炬，声称跛脚的身轻如燕，声称聋了的耳听八方，声称哑巴的口吐莲花。如果有人试图将他们的所有才能一一列举的话，那将会无穷无尽。比如上面提到的装聋扮哑，几乎所有骗子都能轻而易举地完成，并能轻松地从旁人谈话中打探到有利的信息。不过在这其中，有一门骗子们最为钟爱和最为擅长的本事，那就是装傻。比如有哪个小贼非常不幸地行窃露馅，他只能马上搬出装傻的本事：一脸迷茫地假装失忆，不知此为何地，也不知自己为何在这里。

但现在，让我们回想一下路德在《流浪者之书》序言中写的话：人们可以从这本书中看清魔鬼是如何统治这个世界的。这几乎就是我们今天的处境，一字不差。在中世纪，当人们面对最狡猾、最勇猛的盗贼头领时，几乎能当即判定他们与魔鬼定了契约。对于他们来说，这几乎总是致命的误解，然而，这个判断却总能被各种假想的证据所强化，总之人们确信，盗贼之间普遍存在着狂热的异教迷信。任何人，只要他所从事的行当依赖于天时地利，一丁点小意外就能让其毁于一旦，那么他就很容易投入迷信的怀抱，并且当所行计划之事过于危险的时候，他对迷信便愈加信赖。人们始终相信这世上有成百上千种神秘的魔法和巫术，能够帮助盗贼们在偷窃的时候隐身而不被看见，能够帮助他们成功催眠想要偷窃的对象，能够帮助他们抵御子弹，更能够帮助他们在偷盗过程中幸运地遇上奇珍异宝。既然说到这，盗贼们会从犹太人手中抢走看不懂的希伯来文卷轴，再加之以所谓魔鬼印章和涂画在羊皮纸上的圈圈点点，在犯罪的同时确保得到魔鬼的祝福。毕竟，这些看上去如此无所畏惧、如此狡猾残暴的盗贼们，本质上依然是贫穷和愚昧的人民，大多来自农村。他们中的大多数是不认字也不会写字的文盲，辛德尔汉纳斯通信中的神秘字符就证明了，连他这样的知名大盗也无法抵御迷信的诱惑。然而，许多盗贼对宗教和对数学一样知之甚少。曾经有一个遭到囚禁的可怜盗贼发表了一番颇为感人的忏悔，他向神明寻求指引，但没有得到任何回应。牧师这样答复他："我们亲爱的上帝之父和上帝之母本就是如此伟大，他们心善助人，宽恕罪恶，但是，他们从不会在充满钱财的农舍、旅馆或行政厅里帮助我们（偷盗）。"甚至可能还有一些强盗认为自己就是巫师，与魔鬼同行。大家可别忘了，那时仍有猎巫的酷刑，迫使那些可怜的人对他们一生中闻所未闻的事情供认不讳。

这类酷刑在 18 世纪被废除，随着历史的发展，人们对被俘盗贼的态度越来越人道，不仅用鼓舞人心的名言警句来规劝他们，用地狱场景来吓唬他们，还试图理解他们。比如其中就有一位，他为我们详细记录了活跃在福格尔山地和维特劳地区的盗贼群体。如果你们只是听下面这段话的描述，大概不能想象这是对某位穷凶极恶的帮派首领的描述："他真诚、正直、勇敢、质朴、热情、豪爽，一旦做出决定就矢志不移。他充满感恩之心，天性活泼，直来直去。他有惊人的记忆力，成天乐呵呵的，有时候单纯得可爱，有时候又很幽默，有时也附庸风雅，甚至有些音乐品味。"你们中的有些人已经读过席勒的《强盗》，刚刚的描述大概会让你们联想起席勒笔下的卡尔·莫尔（Karl Moor）。诚然，历史上的确有高尚正派的、充满侠义之风的盗贼，那么问题在于，是盗贼开始消亡时才有了这一发现，还是由于这一发现才导致了盗贼的消亡？因为在此之前，盗贼们一直遭遇种种不人道的惩罚与迫害，常常仅因为盗窃而被处决，这使他们无法轻易地改良归善，重回平静的市民生活。无论如何，那些对待盗贼们的新方式，那些看上去更为人道的方式，与旧式非人道的惩罚制度一样，在灭绝盗贼的路上殊途同归。

🎙 播出信息：

1930 年 9 月 23 日在法兰克福西南德意志广播电台播出；1930 年 10 月 2 日在柏林广播电台播出。

卡斯帕·豪泽尔

今天，作为一个改变，我要和大家讲一个故事。但在我们开始讲这个故事之前，我要告诉你们三件事。首先，故事里的每一个字都是真的。其次，今天要讲的故事不仅会让你们这些孩子着迷，大人们也会对它同样兴奋。最后，尽管主人公在故事结局时死去，但这个故事并没有真正结束。比起故事里的主人公，这个故事要幸运得多，因为它活得更久，走得更远。也许有一天，我们会一起揭开这个故事的真正结局。

当我开始讲故事的时候，大家务必不要过度思考：要像每一个成熟的孩子打开任何一本带有插图的故事书那样开始聆听。最早讲述这个冗长曲折、节奏缓慢的故事的人不是我，而是法院法官安塞姆·冯·费尔巴哈（Anselm von Feuerbach），上帝知道，他并不打算把这个故事告诉孩子们，而是决定将他这本有关卡斯帕·豪泽尔（Caspar Hauser）的书写给成年人。整个欧洲都听闻了这个故事，就像你们要在接下来的二十分钟里经历的一样，从 1828 年到 1833 年，这个故事让整个欧洲屏息凝神了五年之久。故事是这样开始的：

五旬节的第二天是纽伦堡最有趣的日子之一。在那天，城中的大多数居民会去往乡野村庄或邻近小镇。在这个和煦的春天，纽伦堡城内变得如此安静，悄无人烟。相对于零星的城内居民来说，这座城市显得非常庞大而宽敞，与其说它是繁华的商业与贸易之都，不如说它更像撒哈拉沙漠上那些迷人的城市。人们总是容易在远离中心的地方发现有些秘密正公然地发生，只是它们始终是秘密。因此，下面这个故事就发生在 1828 年 5 月 26 日五旬节的第二天傍晚四点至五点之间：一位住在翁施里特广场（Unschlittplatz）上的居民在自家门口附近发现了这个男孩。当时，这位居民正准备走向所谓的新门，当他四处张望的时候，发现了一个穿着打扮像个农民一般的年轻男孩，他身体的姿势非常笨拙，蹒跚的步态仿佛醉汉，他无法正确地直立，也管不住自己的双脚。当发现他的居民向这个陌生的男孩靠近的时候，男孩递给了他一封信，信封上写着详细的收件人地址：致纽伦堡第六骑兵团（6th Chevaux-Légers Nuremberg）第四营尊敬的长官阁下。

　　这里我必须打断一下，我不仅要告诉你们这里的法语 "Chevaux-Légers Nuremberg" 就是我们今天德语中的骑兵团的意思，我还要告诉你们这个通过发音而写下的法语单词是完全错误的。这一点很重要。因为你们要在听故事的时候想象，卡斯帕·豪泽尔随身携带的那封信地址的正确书写，之后我还会为你们读信上的内容。等你们听过这封信之后，就会很容易想明白，为什么信中提到的那位营长决定不让这位男孩在他身边久留，而是企图以最快的途径摆脱他，那就是报警。你们知道的，只要人们带着任何东西来到警察局，当局的第一反应就是采取行动。然而那天，当骑兵团营长把卡斯帕·豪泽尔交给警察的时候，他们并不知道该怎么处理这个男孩。负责此事的警察创建了第一份以"卡斯帕·豪泽尔"作为标题的记录文案，后来它愈发厚重，最后共有足足四十九卷，目前就存储在慕尼黑国家档案馆中。

从这第一份文档中清楚地记录了，初到纽伦堡的卡斯帕·豪泽尔完全就是一副粗野愚钝的模样，他的词汇量不超过五十个，而对于人们提出的问题他也完全无法理解，无论人们如何问他，他只会用"Reuta wörn"或"Woas nit"[1]这两句话来回答。那他是怎么得到他的名字"卡斯帕·豪泽尔"的呢？非常奇怪的事情就在这里。当这个男孩被营长带去警察局的时候，大多数警察争论的焦点在于，这个男孩究竟是个白痴还是仍未开化的野蛮人？也有一些人认为，这个男孩也

1　这两句话已经超出了方言理解的范畴，正对应豪泽尔低下的语言水平（以及当时无人能理解的情形），因而只能将原文呈现于此。

有可能是个出色的骗子，企图通过装疯卖傻行骗。如果我们讲述接下来发生的故事，这个观点似乎颇有一些可能性。为了探究这个男孩会不会写点什么东西，警察给了他一支灌了墨的鹅毛笔，并把一张白纸放在他面前，然后让他试着写点东西。他对此似乎感到高兴，非常熟练地将笔握在手指之间，并使所有在场人员惊讶的是，他用清晰易懂的笔触写下了这个名字：卡斯帕·豪泽尔。然而，如果再让他写点别的什么，比如他来自什么地方，卡斯帕·豪泽尔就无能为力了，只好再次说出"Reuta wörn"或"Woas nit"这两句话。

那些勇敢的警察们当时没有办法解开的谜团，至今也没有人能解开。没有人知道卡斯帕·豪泽尔究竟来自哪里。然而当初人们在警察局里的低声争论，有关这个孩子是不是阴险狡诈的骗子的猜测，成为一种谣言或者说一种信念而传播至今。而我之后要为你们讲述的各种更为离奇的情节，或许就是人们拥有这种信念的原因。毕竟，作为故事的讲述者，我不想掩盖我认为他们是错误的事实。如果我们要探寻这个故事中的骗局，并不是从男孩那里开始寻找，而是在一个完全不同的地方。为此，现在我必须向你们朗读卡斯帕·豪泽尔来纽伦堡时携带的信：

尊敬的长官阁下！我给您带来一个男孩，他想要效忠于他的国王。这个男孩是从 1812 年 10 月 7 日起寄养在我这里的，准确来说，他被秘密地推到我身边。而我不过是一个贫困潦倒的可怜工人，我还有自己的十个孩子要养，而且我光是养活自己就已经费尽了力气，我也无法打听出谁是这个孩子的母亲。我如今也没有向地方法院说这个男孩是被硬塞给我的，我想着就把他当作自己的儿子抚养。自 1812 年以来，我以基督教的方式养育他，从那以后，他再也没有离开过屋子，所以没有人知道他在哪里长大。而他自己也不知道我家的名字，更不知道这个村庄的名字。你可以问他，但他没法告诉你。尊敬的长官阁下，您不必再大费周折了，他不知道我住的地方，也不知道我在哪儿。我是在午夜时分把他带到您这里的，所以他根本不认识回家的路。而他身上也没有一分钱，正如我自己身上一分钱也没有一样。如果您不收留他，那么您就杀了他或是把他吊死在烟囱上吧。

随信还附有一张小纸条，上面所写的内容并非像信上那样使用德语，而是使用了拉丁字母。根据这张纸张不同且字迹不同的纸条上的内容，我们得以猜测这应该是十六年前卡斯帕·豪泽尔被遗弃时他母亲的笔迹。上面写着，她也是个贫困的女孩，无法养活自己的孩子，而孩子的爸爸则是纽伦堡骑兵团里的人。上面还写着，当这个孩子年满十七岁的时候，应该送他到这里来。然而，正是从这里开始，你们会在这个冒险故事里第一次被骗：化学鉴定表明，这封据称是收养了卡斯帕·豪泽尔的临时工于1828年所写的信，和随信所附的据称是男孩母亲于1812年所写的纸条，它们使用的是同一种墨水。所以你们可以想象，由于这一发现，很快就没有人再相信这封信的真实性了，人们也不再相信有所谓的可怜工人或是贫困女孩的存在了。

在此期间，卡斯帕·豪泽尔被送往纽伦堡的监狱，但与其说是监狱倒不如说是著名景点，许多外地人慕名而来，争相一睹传说中男孩的真容，因此，囚禁卡斯帕·豪泽尔的监狱成了纽伦堡城中最吸引人的胜地之一。对发生在纽伦堡的这起特殊案件感兴趣的众多杰出人士中，也包括安塞姆·冯·费尔巴哈，这个名字我在讲故事之前已经和大家提过了，他在几年后还给卡斯帕·豪泽尔写了本书。总之，他当时就是在监狱拜访中结识了卡斯帕·豪泽尔，而他本人也对这个故事起着决定性的作用。实际上，他不仅是第一个如此仔细地观察卡斯帕·豪泽尔的人，而且也是对他最感兴趣的人。他很快就注意到了在这个男孩的身上，他的思蠢无助与茫然无知同他的宝贵天赋与高尚品格形成了鲜明的对比。除了他性格中特殊的与众不同之外，还有一些外部特征也引起了费尔巴哈的注意，比如他的身上有接种过疫苗的痘痕，而在当时，只有条件优渥的上层家庭的孩子才有机会接种疫苗。这就给了费尔巴哈最初的灵感，那就是这只迷路的小雏鸟或许来自某个上流家庭，受到了家族里某个想要争夺遗产继承权的坏亲戚的陷害。关于这个高贵的原生家庭，费尔巴哈首先想到的是巴登皇室家族。当时，这类假设甚至以遮遮掩掩的方式登上了报纸，供人们阅读和讨论，让人们对卡斯帕·豪泽尔的好奇心愈发旺盛了。我们不难想象，这些猜测在当时给了一些人不少的麻烦，尤其是那些宣称看到过豪泽尔以一种不引人注意的方式从纽伦堡的某座救济院或某家医院中消失的人。但事情远非如此。位高权重的费尔巴哈在这件事上拥有不小的话语权，于是，他安排这个男孩进入一个能够帮助他成长的新环境，让他异常活跃的求知渴望得到满足。

最终，纽伦堡的道默（Daumer）教授视如己出地接纳了卡斯帕·豪泽尔。道默教授是一个善良、高尚的人，但是关于他的信息却非常少。他不仅给我们留下了一本关于卡斯帕·豪泽尔的详细记叙，还给我们留下了他丰富的藏书，里面充满了东方智慧、自然秘密、神奇疗法、磁力研究等罕见的内容，它们都显示出教授与豪泽尔共同努力的方向。道默教授无疑曾以一种非常温柔、充满人性的方式对豪泽尔进行了护理和疗愈，因为根据他所给的文献中的描述，豪泽尔在道默教授的家中度过了一生中最为绝妙的时光，其间他的感觉敏锐，思路清晰，意识清醒，心灵纯净。无论如何，豪泽尔在这里取得了显著的进步，他甚至准备尝试着描述自己的过往。也正因如此，我们能够读到豪泽尔本人写下的回忆，并从中得知他被送来纽伦堡之前的生活。多年以来，他似乎一直都生活在地下，在那里他既看不见光，也看不见其他活物，唯一陪伴他的是两匹小木马和一条小木狗，水和面包是他唯一的食物。在他被带出地下室的不久之前，来了一位陌生人，他始终站在豪泽尔的身后，不让他看清自己的脸，正是这个陌生人手把手教会了他写自己的名字。毋庸置疑，这番讲述引起了公众极大的怀疑，尤其是那些撰写这些故事的迟钝的德国人。但事情又再次变得异常诡异：事实是，在来到纽伦堡的前几个月，卡斯帕·豪泽尔只能忍受水和面包，完全不能接受吃其他东西，甚至不能喝牛奶。此外，他在黑暗中能够看见东西。报纸上没有隐瞒豪泽尔开始动笔撰写自己传记的消息，那几乎是他厄运的开始。因为在此后不久，豪泽尔就被发现昏迷在道默家的地下室里，他额头上的伤口还在淌血。据豪泽尔讲述，他在楼梯间遭遇了一个陌生人的袭击，陌生人用短柄斧子将他砍伤。这个陌生人再也没有被找到。但是，在袭击事件发生的四天之后，据说有一位文雅的绅士在城门外向纽伦堡城中的某位市民女子打听豪泽尔的情况，询问他受伤后的生死。然后，这位绅士与这名女子一起走向城门，那里张贴着布告，上面登有警方关于豪泽尔的验伤报告。读完之后他便立即以一种十分可疑的方式离开，自始至终没有踏进纽伦堡城。

如果我们现在有足够多的时间——时间不仅对我来说是宝贵的，而且我希望对你们来说也是——我可以再向你们介绍一位出现在豪泽尔生活中的新的陌生人，他是一位有修养的绅士，并在袭击事件之后收养了豪泽尔。但是由于时间的关系，我们对这部分内容不做展开。总之在这以后，人们希望能更好地顾全豪泽尔的人身安全，因此把他从纽伦堡带到了安斯巴赫（Ansbach），而前面提到的费尔巴哈就在这里担任法院院长的职务。那一年是1831年，然而不过两年之后，也就是1833年，豪泽尔就被谋杀了。关于他是怎么被杀害的，我在今天节目的最后再告诉大家，现在我要说的是，在他生命的最后两年时光中，豪泽尔发生了巨大的变化。他曾在纽伦堡道默教授家中如此迅速地展现过自己的才能，他的品格也曾被证明是那样的高尚，然而到了安斯巴赫不久，他的心智发展仿佛停滞，他的性格图像也变得阴郁。最后，在他生命的尽头——那时也没有超过三十一岁——据说他成了一个很糟糕、很普通的庸人，以他擅长的文案工作在法院里找到了一份书记员和抄写员的谋生工作。但在其他方面，豪泽尔既没有表现出特别的勤奋，也没有表现出对真理的特别热爱。

　　然后在 1833 年 12 月的一个早晨，一个男人在街上走到他面前，书里是这么记载的："这是一份来自宫廷园丁的邀请，询问豪泽尔是否愿意今天下午到宫廷花园里观赏自流喷泉。"大约下午四点钟的时候，豪泽尔出现在了花园里，但是自流喷泉周围却看不到任何其他人，他便依着惯性朝前走了几百步远。就在这时，有个人从灌木丛中钻了出来，在豪泽尔面前掏出一个紫罗兰色的纸袋子，并说道："这是给您的礼物！"豪泽尔几乎都没有和这个男人接触，就感觉自己被刺伤了，男人消失了，豪泽尔丢下纸袋，蹒跚地回到家。但是这个伤口是致命的，三天之后豪泽尔便一命呜呼，甚至来不及被进一步问话。有关这个行凶的陌生人是不是就是四年前在纽伦堡想砍杀豪泽尔的那个人，没有人知道，就像许多其他事情一样永远不为人知。因此，到如今也有人声称，这个伤口是豪泽尔本人弄的。但是同时被发现的还有那个遗留在现场的纸袋子，那真是一个非常奇怪的纸袋子。它里面藏着一张折叠过的纸条，上面用镜像书写的方式写着："不必劳烦豪泽尔向你们透露我的长相和来历，我会亲自告诉你们我的来历：我来自巴伐利亚边境，我甚至会告诉你们我的名字。"而纸条上的名字只有三个大写的字母：MLO。

　　前面我已经告诉过大家，有关卡斯帕·豪泽尔的四十九卷档案就存于慕尼黑的国家档案馆中。据说国王路德维希一世对豪泽尔非常感兴趣，他应该已经详细看过这些档案了。此后，陆续有学者来一探究竟，但是关于卡斯帕·豪泽尔究竟是不是巴登皇室王子的争议，至今都没有定论。每年都有打着"谜团已经解开"旗号的新书出版。但是我们可以一起押注100∶1的赔率来打个赌：当你们长大之后，你们中仍然会有一些人，始终都无法对这个故事忘怀。如果以后有关于豪泽尔的书落入你们手中，那么也许你们就会愿意打开它，看看其中是否藏着收音机欠你们的答案。

🎤 播出信息：

1930 年 11 月 22 日在柏林广播电台播出；1930 年 12 月 17 日在法兰克福西南德意志广播电台播出。

浮士德博士

　　小时候，我在学校里学习历史用的是诺伊鲍尔版的教科书，我相信今天它仍然在许多学校中使用，但也许看起来和我那时不太一样了。这本书最引人注目的是，它的主题分类大都通过大小写的方式以作区分。那些大写的标题通常是头等大事：王朝贵族、战争历史、和平条约、各种协定、大事记日期等。作为学生必须了解这些历史知识，而我却提不起兴趣。那些小写的标题指的是当时所谓的文化史，它涉及早期人类的习惯与风俗，他们的信仰，他们的艺术、科学以及建筑等。人们无须死记硬背这些内容，我们只需要通读浏览即可，却让年少的我看得津津有味，十分喜爱。我甚至觉得它们还应该再印得"小"一些，以便它们可以更多地出现在教科书上。事实上，当时在学校的课堂里几乎接触不到这块知识。我们的语文课老师会说"你们会在历史课上学习这些内容"，而历史老师又说"你们会在语文课上学习这些内容"。最后，关于这些内容我们什么也没学到。

　　比如关于浮士德博士的故事。人们说，歌德笔下的巨著

《浮士德》就是根据流传了两百多年的大魔法师约翰·浮士德（Johann Faust）的生平往事与魔鬼交易的传说改编而来；人们又说，浮士德的一生被描述成了不同的版本，光是市面上的出版物就有十或二十类书籍，但是其中的大多数都能追溯到两个原型，那就是1587年版以及1599年版；人们还说，浮士德博士可能还活着，但话题就此戛然而止。今天我要和你们聊聊最早讲述浮士德博士的书，我们很少听到人们谈论初版《浮士德》，更别提浮士德在这本书中经历的许多神奇故事，充满了他生命的冒险与漫游。这不仅对于帮助我们更好地理解歌德笔下的《浮士德》十分重要，而且这本书本身就妙趣横生，充满欢乐。

为了让我们更好地深入其中，我想先给大家讲述一个极其荒诞的魔幻场景，我选择它作为开场白，是因为它如此独特，你们不可能在任何传说或神话中找到类似的风格。诚然，它的情节很简单，魔法师会砍掉你的头，然后以一种奇妙的方式重新将它安回去。无论如何，我们还是先来听故事吧：

有一次，浮士德在一家小酒馆里被一群热心人殷勤地招待着，他们纷纷恳请浮士德为他们展示传说中神奇的换头术。打扫房间的杂役成了实验的对象，于是，浮士德就把他的脑袋砍了下来。但是，当他试图把杂役的脑袋重新放回去时，却怎么也行不通。正在这时，浮士德发现人群中有人正暗暗阻挠他实施魔法。浮士德因此施行法术，从桌缝中升起一朵白百合，在它绽放的瞬间浮士德用匕首将花朵斩下，几乎是同时地，那位暗中作梗的宾客的脑袋，也骨碌碌地从他自己身上坠落。浮士德见状，迅速把杂役的脑袋重新安回他的脖子上去，便头也不回地走出了酒馆。

这样的情形在当时被称为非自然的魔法，学名"Magia innaturalis"。它与自然界中的魔法相反，所谓自然界的魔法就是我们现在所说的物理、化学和科技。我们谈到的初版《浮士德》中的浮士德，他更关注上面说的第一种魔法，那是一种绝妙又放肆的巫术与法力，浮士德借此赚得钵满盆满，拥有美味的食物和上等的葡萄酒，还能享受穿着魔法披风去往远方等美事。然而，我们在剧院中，在木偶戏中，甚至在歌德的作品中了解的浮士德恰恰与之相反，我们知道，这里的浮士德不是骗子，而是与魔鬼签订了灵魂交易的契约，他想要获得大自然全部的魔法秘密，也就是我们说的第二种魔法。是的，关于浮士德的木偶戏开场就是地狱中恶魔与喀戎的谈话，他们抱怨下地狱的总是那些可怜的恶棍们，"总有一天我要引诱一个大人物下来"。然后，我们都知道，就是魔鬼梅菲斯特去引诱浮士德的故事。

　　如果要简单总结历史上浮士德博士的生平，也许要从大约1490年说起。据闻浮士德博士就在那时出生于德国南部地区，他在学校中的表现时好时坏，和我们中的大多数人一样。他也要时不时地准备课堂报告、学期作业，和我们现在一样。我们还能知道的是，从大学名册中能够查到浮士德于1509年1月15日在海德堡大学被授予了博士学位。在这之后，他便开始了他的冒险生涯。1513年，他来到埃尔福特，并自称为"海德堡半神（Halbgott）浮士德"。他也许还去了克拉科夫，最后可能到了巴黎，在那里为弗朗兹一世服务。他在维滕贝格也待过一阵，路德在《席间闲谈》中就提到过浮士德。考虑到会因为自己的魔法而遭受迫害，浮士德很快就逃离了维滕贝格。最后，正如我们从齐默尔（Christof von Zimmern）的纪事中所知，他于1539年左右在符腾堡州的一个村庄去世。

　　克里斯托夫·冯·齐默尔伯爵的这份编年史文献，是我们能够读到浮士德去世新闻的唯一途径。现在，我们还能发现一些更有趣的东西。这里记载着，浮士德博士在那儿留下了一座图书馆。据说这座图书馆最后到了冯·斯托芬伯爵的手里，因为他拥有浮士德临终之所的土地权。在这之后，前往斯托芬伯爵府邸的人们始终络绎不绝，他们不惜重金，只求能得到浮士德遗留的书籍。说到这儿，我们确实知道，17世纪曾经有一位巫师花了足足 8 000 古尔登[1]币来购买所谓的冥界符咒（*Höllenzwang*）。

究竟什么是冥界符咒？它指的是那些人们认为能够召唤冥界魔鬼或其他鬼神（无论好坏）的咒语和符号。我不知该如何向你们描述，但是这些符号既不是字母也不是数字，它们使人至多联想到阿拉伯文，有时是希伯来文，有时是数学中最为错综复杂的符号。它们根本没有任何含义，只有大魔法师能够解释其义，尤其当魔法学徒们施行符咒失败的时候，唯有大魔法师才能解释这些符咒在哪些方面出了问题。它们通常很有效，正是出于这个原因，它们常常遭到禁止。但是，冥界符咒听上去依然很胡言乱语，像是混杂着拉丁语、希伯来语和德语的胡言乱语，它们听上去极度夸张唬人，却没有任何含义。

可以理解，当时的人们对此还有不同的意见。那就是，冥界符咒被认为是非常危险的事情。在 1587 年第一本关于浮士德的书中，法兰克福的出版人约翰·施皮斯（Johann Spieß）就在序言里提醒读者：经过深思熟虑，本书已将任何足以引起读者不安或烦恼的内容删去，尤其是出自浮士德图书馆的魔法符咒。现在，请大家想象一下这样的魔法图书馆，因为

1　即 Gulden，德语国家或地区历史上通行的货币单位之一，词源上来自中古高地德语中的"金芬尼"（guldin pfenninc）。

在中世纪确实有很多类似于这样的图书馆。那儿几乎看不到任何如今常见的书籍样式，更不用说印刷本了。在那儿更多的是卷帙浩繁的手抄本，里面的内容看上去很像我们今天的化学或数学笔记。当时的人们认为拥有这样的手抄本很危险，他们并没有错，它们的确很危险。但是人们害怕的并不是魔鬼会通过烟囱进入房屋这类事儿，而是害怕宗教审判，因为如果一旦有人被发现拥有这类书籍，他们就有理由被逮捕并被指控实施巫术。我们知道历史上有过真实的案例，其中甚至包括那些拥有浮士德博士的民间传说故事书的人，其中的某些人就遭遇了可怕的后果。就是这样，还有更可怕的事儿。当你们以后阅读歌德版本的《浮士德》时，会在里面发现一条黑色的长卷毛狗，它在城门前的复活大道上向浮士德跑来，而当浮士德端坐房内想要读书时，这只狗儿狂吠着制造骚乱，因此，歌德笔下的浮士德对它说道：

> 我应同你住一起吗，卷毛狗？
> 别再叫唤啦，
> 别再叫唤啦！
> 我可受不了身边有这么恼人的家伙。
> 我们之间必须
> 得有一个从这房里消失。

我的耐心到此为止啦，

门是开着的，您请便吧。

但是我看到了什么！

这是自然发生的吗？

这是它的影子吗？这是真的吗？

我的卷毛狗为何变得又高又大！

它使劲儿地站起身来，

完全不像是狗的形态！

我带了什么妖怪回家！

它看起来已经像河马了！

眼冒火光，龇牙咧嘴。

哦！我有办法对付你了！

像你这种地狱里的魔鬼胚子

最好让所罗门的钥匙来治！

　　这只卷毛狗就是乔装后的魔鬼，在魔法文献中它们被称为普拉斯提盖亚（Praestigiar），在德语中可以将其大致翻译为魔法精灵（Zauberbold）。在古老的记叙中，这只卷毛狗能够根据浮士德的不同指令而将外形变成白色、棕色或红色。之后，浮士德将这只临近生命终期的卷毛狗赠予了哈尔伯施塔特的一位修道院院长。然而这份礼物并没有给修道院院长带去欢乐，因为过不了多久他就去世了。当时的人们如何地坚信这一类荒谬的鬼怪故事，我给你们讲了以下事实你们就会明白：曾经有一位大学者——他的名字叫阿格里帕·冯·奈提斯海姆（Agrippa von Nettesheim）——需要他的学生出面为他辩护，证明他并没有使用任何魔法或巫术，而他受到指控的理由就是，有人声称总能看到这位大学者的身边有一只黑色的长卷毛狗。

面对初版《浮士德》叙述里的诸多场景，当时的读者和如今的我们一样，视其为荒诞的魔幻故事，它们有时骇人听闻，有时令人毛骨悚然，但只要从心底里认可它们作为神鬼传说的存在，就不会让读者困扰。但是还有些其他场景，或者说还有其他的读者，从中看到了与当今自然科学产生微妙联结的地方。我们从名称上就能看出端倪，如今普遍被人们视为科学真理的物理或化学在当时就被称为"自然魔法"，它们并非现代意义上魔法的对立面。在书中，浮士德会向好奇求教的贵族或学徒们展示古希腊人、荷马、阿喀琉斯、特洛伊的海伦以及其他人物的图像；另外，有些读者可能曾经亲历或听闻有关魔法灯笼（*laterna magica*）的事儿。这些见闻绝不是用来反驳书中的记叙，正相反，它们恰恰能够证明浮士德博士的魔法艺术。我们今天的暗箱技术（*Camera Obscura*），它的使用原理就能追溯到魔法灯笼上去，只是当时它被视为魔法的一种。正如当时的人们无法想象，浮士德穿着魔法披风遨游远方的场景，能够在如今的热气球飞艇游行中重现，它们几乎就是一回事儿。诚然，这一点在医学领域就更为明显了，许多如今看来既科学又明智的医疗处方在当时被视作神奇的魔法。

这就是为什么，那时候人们把大学者与魔法师混为一谈。人们讨厌魔法师，是因为他们与魔鬼签订了出卖灵魂的契约，但作为学者，他们依然属于更为崇高的存在，这对于后来解读歌德笔下的《浮士德》具有重要的意义。这种微妙的差异，哪怕在木偶剧版的《浮士德》中也通过木偶剧独特的方式得到体现，那就是为了让观众席中最小的孩子也能简单直接地明白，浮士德依然是个更高等的博学者的形象，因此剧中另设了愚钝小丑的形象与之对照。小丑同样与魔鬼签订了灵魂契约，但因为他实在荒谬和愚蠢，最后甚至连地狱里的魔鬼都看不上他。木偶戏中最好玩的场景就在这里，穷困交加的浮士德在生命尽头遇见了愚蠢又无聊的小丑，魔鬼早就已经对小丑失去了兴趣，而想要在两个小时内拥有浮士德的灵魂。我现在就为大家朗读这一选段：

浮士德：我无处可得安宁，地狱的景象时时刻刻都困扰着我。哦，为什么我不能坚定我的计划，为什么我让自己被轻易引诱？但是那邪恶的魔鬼就是知道如何抓住我最脆弱的一面。一切都无法挽回，我注定要下地狱了。甚至梅菲斯特也离开了我，就在我最需要转移注意驱散忧伤的时候。梅菲斯特，你在哪里，梅菲斯特？

此刻梅菲斯特以魔鬼的形象现身。

梅菲斯特：浮士德，现在你倒是想起我来了。

浮士德：你怎么回事？难道你忘了，你必须以人类的样子出现在我面前吗？

梅菲斯特：哦不，再也不需要了，因为你大限已至。再过三个小时，你就是我的了。

浮士德：你在说什么？梅菲斯特，我的时限已到？你在说谎！才过了十二年，合约的一半，你还得再为我服务十二年。

梅菲斯特：我已经为你整整服务了二十四年了。

浮士德：这怎么可能呢？你不会想要更改历法吧？

梅菲斯特：不，这是我不能的。但是耐心听我说，你可以再要求十二年。

浮士德：这就对了，我们的合约上明明写着二十四年。

梅菲斯特：是这样的没错，但是我们并没有完全按合约行事，我日夜为你服务。无论白天还是黑夜你都向我索求，因此我得在合约上加上夜晚的时间，这样算起来，我们合约上的时间已经到期了。

浮士德：哦！你这骗人的魔鬼，你欺骗了我。

梅菲斯特：不，你欺骗了你自己。

浮士德：让我再多活一年吧。

梅菲斯特：不行，多一天都不行。

浮士德：再多活一个月？

梅菲斯特：多一个小时都不行。

浮士德：再多给我一天的时间吧，让我和我的好友们道别。

但是梅菲斯特非常坚决，他不再纵容浮士德的任何请求，他已经为浮士德服务了足够长的时间了。

梅菲斯特：我们今晚十二点钟再见。

说完这些话，他离开了浮士德。

你们可以想象，此刻在这样的气氛中，如果在木偶戏舞台上突然看到一个百无聊赖的小丑向我们走来，是多么令人激动和兴奋。这个作为守夜人的小丑正漫不经心地打更，他一共敲了三次，并说着"听着，先生们，让我告诉你们大钟已经敲到午夜十点钟了"这样的话，这是德国古老的夜间打更之歌。

就这样，直到午夜十二点前，我们的浮士德还有两个小时可以活。在最后的一刻钟里，他遇上了小丑。尽管他做尽了荒唐之事，但在生命的最后依然会倍感痛苦，为了让观众感受到浮士德最后的绝望，木偶戏颇为巧妙地表现了他有些悲哀的意欲使用欺诈手段求生的一幕。那么它是如何施行的，又是如何失败的，值得你们来听一听：

打更的小丑瞥见了浮士德，他说道："晚上好啊，浮士德先生，晚上好。这么晚了您怎么还在街上溜达呢？"

浮士德：是啊，我的仆人，我心里乱得很，无论是在家里还是在街上，我都得不到一刻安宁。

小丑：为您效劳，先生。但是您瞧，我现在也很痛苦，您仍然欠我上个月的房钱。您行行好，现在就把钱付给我吧，我非常需要它。

浮士德：哎，我亲爱的仆人，我眼下身无分文——魔鬼把我所有的东西都拿走了，我再也不属于我自己了。（浮士德侧头转向一边和自己说。）我得想个办法，让这个傻瓜代替我去给魔鬼交差，好让我从地狱逃脱。（现在他就开始准备诱骗小丑。）我亲爱的仆人，虽然我已经一无所有了，但我也不想不还清欠你的钱就离开这个世界。我们不妨这么做：你穿上我的衣袍，我穿上你脱下的衣衫，这样我们就两清了。

小丑（摇了摇脑袋）：哦不，这可不行，这样的话魔鬼就会抓错人。不，在发生这样可怕的错误之前，我宁愿直接忘掉这笔钱。作为交换，或者帮我一个忙。

浮士德：十分乐意，请问是什么忙？

小丑：请您到时候帮我问候我的祖母，她就住在地狱里的 11 号房间，您进去后右拐就是。

转眼小丑就从台上溜走了。从舞台背后传来这样的歌声：

先生们，请听我来和你们说，

大钟马上就要敲响十二点钟，

大火再烧旺些，煤再多添些，

魔鬼就来把浮士德博士带走。

紧接着，午夜十二点的钟声敲响，舞台上缭绕着硫黄的烟雾、夹杂着电闪雷鸣的效果，从地狱而来的魔鬼们将浮士德抬起。

在歌德的童年时期，他就已经看过这出木偶戏。在三十岁之前，他就开始动笔写作浮士德的神话，一直到他八十岁，才算真正写完这部作品。他笔下的浮士德也与魔鬼签订了契约，魔鬼想要引诱他最终堕入地狱。但是，从首版《浮士德》

的故事面世到歌德版的《浮士德》巨著完成，在这二百五十年间，人类的历史也在发生变化。人们越来越清晰地认识到，吸引早期人们钻研魔法或巫术通常并非出于他们的贪婪、邪恶或懒惰，而是出于对知识的向往和对提升精神境界的渴望。歌德在他的《浮士德》中就明确表现出了这一点，这同样也是为什么，最终，魔鬼不得不从充满整个舞台的一群天使中退出，消失。

🎤 播出信息：

1931 年 1 月 30 日在柏林广播电台播出；1931 年 3 月 28 日在法兰克福西南德意志广播电台播出。

邮票骗局

今天我要和大家聊一聊在邮票行当里，哪怕是最博学、最机智的邮票专家都无法识别的事：骗局，关于邮票的骗局。自从罗兰·希尔（Rowland Hill）——当时他还是英国某个小学里名不见经传的普通教师——在1840年发明了邮票之后，不仅他本人被英国政府赠予了相当于四十万马克的奖金作为奖励，并被任命为国家邮政部部长，授予他爵位。光是邮票这小小的纸片就已经从人们的口袋中掏走了总计百万乃至千万的硬币，许多人也通过邮票发家致富。也许你们中有人会问，这种小东西也能带来发财的机会吗？只消看看你们身边的森夫（Senff）、米歇尔（Michel）和柯尔（Kohl）的邮票目录就知道。在集邮业里，最昂贵的邮票并非你们以为的产自毛里求斯"邮政处"的二便士邮票，而是来自英属圭亚那的一美分邮票，那是1856年的临时邮票，如今只有孤本存世。它们在报业印刷机上被制作出来，上面印着粗糙的标语，好像当地报纸用来刊登轮船公司广告那样的陈词滥调。这张目前已知的存世孤本，是几年前一位年轻的圭亚那收藏家从古老的家庭文件中发现的，之后辗转来到了当时居于巴黎的拉·雷诺提勒伯爵的手中，成为世界上著名的珍邮之王。收藏家为它付出的代价无人可知，目前已知的市场价格已经达到了十万马克。然而收藏家手中的邮票珍宝并非只有这一张，截至1913年，他收藏的邮票已经超过十二万枚，在当时这些邮票的价值也已经超过千万。当然，也只有本身就已家财万贯的富翁才能建立起如此庞大的集邮帝国，但无论是否出于本意，他依然能从这些邮票中赚近百万。拉·雷诺提勒伯爵的集邮生涯可以追溯到1878年，而集邮产业的诞生要比这更早，早了整整十五年。那时候的集邮当然要比现在简单得多。不仅是因为当时的邮票总体产量要比现在少得多，也不仅是因为如今昂贵的珍本在当时还很容易获得，更不仅是因为那时候的人们集齐一套系列比现在更容易，而是出于一个重要的原因——那时候还没有邮票伪造，或者至少还没有出现迷惑和误导收藏家的邮票骗局。你们中的许多人，只要还阅读集邮报刊的话，就会知道，伴随着新的集邮热点总会有关于邮票造假的最新通报。这有什么难以理解的呢？邮票行业的利润如此之大，同时邮票种类又是如此丰富和繁多，以至于没有人能够面面俱到对所有系列都了若指掌。截至1914年，在无数战争邮票和占领区邮票发行之前，市面上已经充斥着不少于64 268种不同价值的邮票了。

那么，我们现在就来谈谈邮票伪造。要知道，在不同领域的收藏行业中，无一例外地存在着大量伪造和欺诈。不仅有那些专门给蠢人提供的粗制滥造的假货，也有那些只是给眼尖的专家提供练手机会的伪劣产品，更有那些哪怕过了几十年之后也依然无法判定是真是假的悬案。许多集邮领域的收藏家，尤其是初学者，都深信自己能够通过仅接手那些使用过的邮票而免受伪造假冒的侵害。这是因为当时在许多地方，尤其是那些受罗马教皇世俗统治的地区，比如撒丁岛、汉堡、汉诺威、黑尔戈兰岛、贝格多夫等地对许多罕见的邮票进行重印，这些邮票不再流入市场使用，而是直接提供给收藏家。这些重印或被人们称为"伪造"的邮票却因此而著名，就因为它们没有被盖上邮戳。这是（需要逐一甄别的）特例，绝不能泛泛而谈。"这枚邮票肯定是假的，因为它没有盖戳！"这样的想法本身就是最荒谬的事情。也许更为准确的说法是：这枚邮票是假的，因为它被盖戳了。因为事实是，市面上那些盖了戳的假冒邮票要远远多于没有盖戳的。总的来说，最大的邮票假冒商通常就是某个州或国家——如果我们可以用这个词的话。从个人来看，敢于伪造精美图案的邮票伪造者，自然也敢仿冒邮票上的印戳。当他完成邮票伪造的环节后，会非常仔细地再次检查，并试图用伪造的邮戳来掩盖邮票上某些不可避免的瑕疵。简而言之，仅仅收集盖戳邮票的收藏嗜好，只能保护人们免受那些数量极少的无戳假邮票的干扰，却不能抵御大量伪造的带戳邮票。很少有收藏家会知道，哪个国家的邮票伪造者声誉最高，换言之，最厉害的邮票造假者来自哪里。那就是比利时。比利时人不仅伪造自己的邮票，例如最著名的比利时五法郎邮票伪造案，他们还能伪造外国邮票，例如德属摩洛哥的一比塞塔[1] 邮票。

为了让伪造的邮票顺利转手，邮票造假者们想出了一个绝妙的主意，既可以为他们带来更多收入，还能确保他们不会被抓住。那就是，他们明确宣传自己的产品是假货。当然，若要把假邮票当真的出售，制造商会要价更高，他们声称这些邮票并不是完全的假货，而是为了学术目的而复制的邮票。但是，那些抱着明确厚利意图的伪造者就不会接受这种方案，因为正如我们前面说的，毕竟这种明码标价的伪造邮票与以假乱真的邮票相比，实际可获得的利润依旧相差较大。但是小规模的邮票商店就不一样了，他们通常直接接受此类伪造品的报价和供货，聆听伪造者向他们夸耀这无可挑剔的仿制邮票：数字化精准的图案、邮票上的字样、彩色的油墨、纸张、水印，还有不要忘记周围那圈半圆形的赤痕等，如今新型的制作流程和生产效率令人折服。为了保护自己免受此类

1　即 Peseta，西班牙及安道尔在欧元流通前所使用的法定货币。

仿制品的侵害，大型邮票发行商建议对邮票中稀有的特殊品种进行所谓的真实性担保并盖上公章，以大公司的信誉为邮票的真实性负责。但是也有人提出了相当合理的反对意见，那就是邮票上的图案已经如此微小，为什么要再加盖个戳来破坏它的完整性？还不如在已鉴定为某些珍贵邮票的伪造品身上盖上证明其伪的章。顺便说一句，并不是所有被称为"复制品"的东西都属于伪造者的制假计划。最著名的例子就是1864年英格兰的黑色一便士邮票，国家印刷局以英国王室里王子们的形象为范本复制了几批邮票，以供一些王室贵族收藏。如果你们中有些人愿意继续坚持集邮，那么他以后将不得不自己去经历和应对那些不断涌现的假冒伪劣邮票，并且一定会学到比我今天所能告诉你们的要多得多的知识，同时也会逐渐找到方法帮你识别和抵御邮票骗局。今天，我只和大家提一本非常重要的书，那就是保罗·奥特（Paul Ohrt）的《辨伪手册》（*Handbuch der Fälschungen*）。

对于收藏家来说，有许多不涉及伪造的邮票欺诈案件，包括私人和国家对集邮者的剥削。人们首先会想到那些依靠邮票贸易生存的国家。有不少小国家，特别是在过去，依靠集邮者们的腰包来改善其财务状况，这种特殊的收入来源的发现可能要感谢库克群岛（Cookinseln）上某位富有想象力的居民。库克群岛有总数在10 000—12 000的原住民，在不久以前还保留着野蛮的食人遗风。随着第一批文明社会的工具和器皿从新西兰传入，他们也因此第一次接触到邮票。那是相当朴实的邮票，其上的胶纸仅用印刷字母简单地框起来，但是欧美的大邮票经销商却对它们产生了极大的兴趣，并愿意支付极高的价格购买。当库克群岛上的居民突然发现如此简单而丰厚的收入来源时，他们比谁都要惊讶。于是他们立即在澳大利亚印刷了一批新的邮票，只是它们的设计和颜色与第一批不同。类似的故事同样也在许多南美国家，特别是巴拉圭，还有来自印度小公国的法里德果德（Faridkot）、孟加拉（Bengal）和巴姆拉（Bamra）发生。但是，比起想通过这种方式开展邮票生意的统治者更加聪明的，有时候倒是那些比如设计师那样的个体。比方说，他们会向危地马拉承诺免费向对方提供 200 万套新的邮票，并只索要那些仍留在该国印刷厂内的所有旧邮票作为回报。不难想象，这是多么好的一桩生意！他们后来卖这些东西能赚多少钱！甚至当德国在战争结束前夕陷入严重的财政困境时，德意志帝国邮政局也纷纷效仿起了这些异国王公贵族的做法，将其殖民地邮票的存货直接交易给私人收藏家。

现在，我想给大家讲一个与伪造邮票完全无关的骗局，它包含着你们中最聪明的人都无法想象的最复杂的欺诈技术，但是由于集邮构成了这场骗局的关键，所以我还是想和你们讲一讲。故事发生在 1912 年的威廉港（Wilhelmshaven），城中有位富裕的居民以 17 000 马克的价格将他收藏多年的精美邮票卖给了一位柏林绅士，并以货到付款的方式寄给他。与此同时，买家也把一个据称装满书籍的箱子用同样的签名寄往了威廉港，并在不久之后马上用电报的方式把这箱书籍召回了柏林。因此，这两个盒子都准时地到达了柏林货运办公室。接下来，伪装成绅士的骗子设法成功地从柏林取走了装有珍贵邮票的箱子，却没有支付应付的现金，因为他声称这个箱子是他作为发件人召回的箱子。而那个据说装满书籍的箱子呢？里面只有满满的废纸碎屑，并且收件人永远都不会出现了，那个柏林人消失得无影无踪。

只要和集邮挨边，都有可能陷入邮票骗局。但是在邮票欺诈，尤其是在伪造邮票方面，还有比集邮者或收藏家更能吸引骗子们强大兴趣的对象，那就是邮政机构。据统计，德国的邮票年消费量约为 60 亿枚，而世界的年消费量为 300 亿枚。每年，德国人花在邮票上的费用已经达到了约 50 亿马克，也就是说，德国的邮政系统每年生产和销售着价值 50 亿马克的小纸片。邮票可以被看作是小额钞票，因为它们不仅能用于支付邮资，还能用于支付一定数额的款项。事实上，只在一件事情上邮票和钞票完全不同。为了仿制面值 10 马克或是 100 马克的钞票，需要伪造者对印刷业极为了解，具备大量的知识与技能，并且需要昂贵而精密的仪器。但是，仿造邮票却非常容易，而且有时候印刷得越粗糙，越不容易让人轻易地分辨真伪。因此，几年前发生过这样的事情，那些见多识广的资深集邮者们纷纷宣扬某款德国10芬尼邮票是伪造的，而帝国邮政则坚称它们是真的。伪造邮票以骗取邮费的事儿如此普遍，以至于人们事实上称其为"伪造钞票"都不为过，两者都会受到法律的制裁。有关具体的金额人们就没法判断了，因为邮政当局只会保留每年卖出去几百万价值邮票的记录，却从来不记录一下又有几百万的伪造邮票流入市场。于是总有人说，邮政系统每年都因此损失数亿马克。因为，正如我前面所说，无人能够证明。但是，如果有人声称能够通过比伪造邮票容易得多的方式进行邮政欺诈，比如将使用过的邮票上的邮戳清洗干净，使其焕然一新以便重复使用，那么我们也没有理由怀疑这种说法。他们甚至声称不同地区有不同类型的邮票骗局。比如在欧洲南部地区，骗子们主要通过印刷手段进行大规模的邮票伪造，而在欧洲北部，他们则倾向于用小作坊式的清洗手段让邮票从旧变新。我今天和大家讲述的所有这些，是因为这些人的想法与每个集邮爱好者息息相关。他们希望废除邮票，并用盖戳来取代。大家都注意到了，现在有些大宗货物的邮费支付证明不再是通过邮票而是通过邮戳。不喜欢邮票的人们认为，这类程序也应该被

　　　　　　　　　　　　第一部分：青少年广播

引入私人邮件领域。比如说设邮品自动出售机，分别为5、8、15、25芬尼邮资设立信封通道，为了打开相应的插槽，人们必须首先投入相应数量的硬币。当然，还不用想得那么远，邮品自动出售机的想法虽然新颖但实施依然困难重重。最重要的是，国际邮政联盟仅能识别邮票的真伪，而不能识别邮戳。但是，在如今机械化日益普及和技术发展的时代里，邮票可能面临着被终结的命运，这也不是不可能的事情。你们当中那些惯于早做打算的聪明人，不妨考虑一下改为收集邮戳吧。今天的我们就已经可以看到，邮戳的内容也变得越来越丰富和生动了，甚至充满了文字和图像的广告标语。誓要取代邮票的改革家们承诺，为了让人们像喜欢收集邮票一样收集邮戳，他们将使用风景图画、历史图像、盾徽等元素来装饰邮戳，使它们像曾经的邮票一样精美。

🎙 播出信息：

确切播出时间不可考，或写作于1930年下半年。

那不勒斯

　　当我们谈论那不勒斯这个地方的时候，你们首先会想到什么呢？我相信，你们会马上想到维苏威火山，对吗？如果今天不和你们讲讲维苏威火山的事儿，你们大概会不依。哎，如果我心中最大的愿望能够实现的话——这是一个比较难为情的愿望，我就和你们说一次——那就是让我经历那次著名的维苏威火山爆发，不过这是后话了。我曾在那不勒斯待了八个月，并一直在等待这个机会。我爬到维苏威火山口的边缘，往里面张望。只不过当时，我在那不勒斯能看到的最激动人心的红火景象，是在城中最高耸入云的圣埃莫堡（Castel Sant'Elmo）之上，在夜深人静的时候坐在毗邻的花园酒吧里眺望全市。白天呢？难道你们认为在那不勒斯会有很多时间环顾维苏威火山吗？白日的烈阳晒得人们皮肤发亮，同样被折磨的还有人们的神经：只要能摆脱汽车、出租车和摩托车发出的喧嚣声，摆脱那些汽车喇叭和电车电铃发出的叮叮当当声，还有报童此起彼伏的叫嚷声，我就欣然满足了。在那不勒斯，没有畅通无阻这回事儿。当我第一次前往那不勒斯的时候，地铁才刚刚开通。当时我还暗自窃喜：好极了，我可以把我的行李箱直接从火车站带去酒店附近。但那时候，我还不甚了解那不勒斯。当地铁缓缓驶进车站大厅的时候，你会发现几乎每扇门窗旁、每个座位上都挤满了那不勒斯的街头小童。他们对几天前才开通的地铁充满好奇和欣喜，他们才不管这个大家伙是为正经对待工作的成年人准备的，而不是无所事事的他们。小孩子们把攒下的几个小硬币都交给了这个大家伙，在不同站台间来来回回穿梭就能给他们带去极大的乐趣。因此，新启的站台里总是挤满了各式各样的人，唯独没有那些着急前往某个明确目的地的人。

那不勒斯的人民无法想象没有人群拥挤的地方。我来给大家举个例子：当德国的传统画家描绘《东方三博士朝圣》时，观者会在画中看到梅尔基奥（Melchior）、嘉士伯（Kaspar）、巴尔退则（Balthasar）以及他们的随行，他们拿着礼物前来探望初生的耶稣基督。而在那不勒斯人民的想象中，前往耶稣诞生之地的朝拜者们是庞大的一群人。我之所以举这个例子，是因为关于东方三杰朝拜的描述在全世界都广为人知。然而关于耶稣诞生的最美妙场景还是在那不勒斯。在每年 1 月 6 日的降临节 [1] 中，总是有各式各样的模拟耶稣诞生的人偶出现在

1　降临节（Dreikönigstag）也称主显节或三王节，是天主教的传统节日。

那不勒斯城中，并且人们在人偶数量和真实性方面竞相攀比。当然，更不必去想那些古老的犹太人：那不勒斯人民对于他们日常生活中真实而生动的所见所闻更感兴趣。他们热衷于按照服饰的流行情况来打扮这些人偶，因此，出自他们手中的耶稣诞生场景，更像是带有浓厚那不勒斯风俗的景象，而非出自那遥远的东方之国（Morgenland）。在这些人偶中，有随处可见的贩夫走卒和杂耍艺人，但更有通心粉卖主、贻贝商人以及渔民，他们是真正的那不勒斯群像。当然，你们会说这些追随者中除了天使，自然还有人群中质朴的典范。但是，若你们想要了解那不勒斯真正危险的人群是什么样子的，可千万别以为就是那些长得像里纳尔多·里纳尔迪尼斯（Rinaldo Rinaldinis）一样狂野的黑胡子土匪。不！那不勒斯城中最邪恶的坏蛋们经常是那些给人忠厚老实的小市民印象的人，而且他们通常从事着人畜无害的行当。他们可不是赤手空拳的独行侠，而是某个庞大的秘密社团的成员。在这个团体中只有少数几个活跃的扒手和凶手，而其他成员则无所事事，只是在自家中容留和窝藏那些罪犯们，保护他们免受警察的突袭，在危险时警告他们，并向他们报告新的犯罪机会。作为回报，他们能分得战利品中的一杯羹。这个庞大的犯罪团体叫作卡莫拉（Camorra）。

　　既然我们已经揭开了那不勒斯城里黑暗的一角，那么让我们来看看，他们与其他意大利人的相处如何？传闻有七宗致命的罪恶，出自意大利最重要的七座城市里。你们知道是哪七宗罪吗？你们马上就会知道啦，因为这七宗罪恶早就已经遍布意大利的整个国境。每一个城市都会沾染一点这些恶习，那就是：热那亚式的傲慢、佛罗伦萨式的贪婪、威尼斯式的奢靡、博洛尼亚式的易怒、米兰式的暴食、罗马式的嫉妒以及那不勒斯式的懒惰。在那不勒斯这座城市中，"懒惰"确实以各种奇怪的方式表现出来。贫穷的人们百无聊赖，懒洋洋地躺在太阳底下睡觉，醒来后的他们，径直涌向港口或游客经常去的地方，只为了乞讨几分几厘。不仅如此，有时候这些可怜的家伙也能找到一份工作，但是那不勒斯人会做什么呢？他们会用收入的三分之二雇用其他人来完成这份工作。对于他们自己来说，相比于起来去赚十五里拉，还是更喜欢懒洋洋地躺在太阳底下最终得到五里拉。也许是出于懒惰的天性，那不勒斯人比其他地方的人更喜欢玩彩票。当然，我这里指的不是那种图片彩票，而是传统的数字彩票。每个星期六的凌晨四点，那不勒斯的人们便都蜂拥在抽奖摇奖的房子外面。人们一次又一次地尝试着自己的运气，然后一次又一次地失败，尽管已经无数次地通过各种迷信或预言的方式来揣测那个幸运的号码。

也许有关那不勒斯人的懒惰，我们不能太归咎于天气。

因为受天气影响最大的通常是与体力劳动相关的工作，而体力活在那不勒斯人看来毫无吸引力。然而，当他们在做生意或讨价还价的时候，却又精力充沛，非常在行。那不勒斯人是伟大的商人，而那不勒斯银行已有五百多年的历史，是欧洲最古老的银行之一。这就是我想说的：那不勒斯人不喜欢体力劳动式的工作，不仅仅因为这里的气候意味着那不勒斯人在一年中外出劳作的时间极其有限；也不仅因为这里光是街头巷尾的丰富瓜果和海鲜物产就已经多到唾手可得，甚至有时走在路上都有水果径直砸到行人头上；还因为这里的工作——至少是工厂里的工作——在那不勒斯人眼中特别辛苦。尽管那不勒斯的城中居民人口很快就要达到百万数量，但这里的工业仍然非常落后。请大家不要想象那不勒斯拥有如我们国家许多大城市中随处可见的那些明亮的、簇新而整洁的工业建筑，只需看一眼在波蒂奇（Portici）、托雷安农齐亚塔（Torre Annunziata），以及格拉尼亚诺（Cragnano）和诺切拉（Nocera）那儿荒凉的棚屋，光是那些烈日灼烤下尘土飞扬的羊肠小道，就足以让人们退却。于是他们宁可悲惨地赋闲，也不愿在这种环境中营生。

那不勒斯的工业以食品业为主。首先，维苏威火山山坡上有大量水果与西红柿，它们在成熟之后被加工成蜜饯，同时，那儿的人们还制作各种形状和各种大小的意大利面与通

　　　　　　　　第一部分：青少年广播

心粉。这些加工后的食品主要销往印度和美国，因为周边的其他地中海国家和地区对这类商品能够自产自足。那不勒斯还有大型的纺织厂，但他们只生产最便宜的织物。这些工厂大多是由外国人创立的，而非那不勒斯本地人。然而，游客踏上那不勒斯的第一天，首先映入眼帘的是街头巷尾的家庭作坊，这种手工业制作的主要对象是家具，尤其是床。人们也许会在某条偏僻的小巷里发现其他的手工制品，但是马上就能在相邻的地方发现十到二十家经营相同物品的商铺。有人会认为，店主们会因为过于激烈的同行竞争而深受其害，但事实并非如此，因为游客们在其他城市再也无法找到类似的商品。同一种类的商铺喜欢聚集在某条特定的街道上，比如这一条小巷因聚集的制皮匠们而闻名；另一条街上，每隔三家店铺就有一家是旧书店；再换一个地方，人们能看到制表师傅们成排地坐着。

这些商铺中的货物，都被迫进入了露天的市场：那些旧书就得躺在书店前面的小盒子里。大半个家具店铺里的桌子与床已经摆到了人行道上，衣服和袜子挂在门外走廊与店铺的外墙上。但那不勒斯的诸多交易根本不需要商店，有街头巷尾就已足够。我至今都记得街头的那辆破落小汽车，它的车门打开着，周围挤满了人，在他们的催促声中，坐在驾驶室内的小贩不停从车内掏出东西来。至于它们到底是什么，我根本不知道，因为在看清这些东西之前，它们就已经消失在一片红红绿绿的包装纸中了。小贩将它们高举过头顶，很快就以几个铜板的价格卖了出去。我暗自猜测那里面是否藏着一枚骰子或一小块糕饼？是几枚硬币还是几句箴言？那个男人的面庞就像《一千零一夜》里的小贩那么神秘。然而，整个过程中最神秘的事情是，正如我最终意识到的那样，不是商品本身，而是商人的艺术，他们能够如此迅速地摆脱商品的艺术。我一直好奇，那些五颜六色的纸中包裹着什么？他把什么东西藏在五颜六色的纸中？后来发现是一管牙膏。还有一次，某天清晨我起床出来，发现街上早有一个小贩准备就绪，他早早地到来，带着他那鼓鼓囊囊的行李箱。接着，他用一种近乎戏剧表演的方式开始吆喝，那些雨伞、衬衫面料、披肩斗篷等纷纷被他仔细介绍了一番，那种神秘的神情仿佛只有他才能亲自检查这些商品一样。显然，他自己都被那些充满魅力的商品倾倒，他开始振奋了起来，摊开一块围巾，索要 500 里拉，大约就是 80 马克。然后突然间，他又开始折起这块围巾，每对折一次都伴随着一次不可思议的折价，随着围巾越折越小，价格也越降越低，最后当这块围巾折成手掌大小的时候，他悲怆地给出了最后的价格：50 里拉。

不知名的街头小贩已然如此，那么正规市场中的情形就更难想象了。在那不勒斯的所有市场中，最为奇特的要数鱼市。在那里，海星、螃蟹、珊瑚虫、蜗牛、乌贼，以及许多其他滑溜溜的东西都被当作了美味佳肴，这些生物仅凭它们的外观就足以引起人们的一阵鸡皮疙瘩。我可以告诉你们，要用勺子从那不知名的红辣椒汤中，捞起一只刚刚还在那儿游泳的乌贼，实属不易。但我一直认为，在陌生的国家里，仅仅睁开眼睛东看西瞧，或是如果可能的话，用当地人的语言交流，是不够的。相反，必须设法让自己在生活、睡眠和饮食方面，尽可能地适应当地习惯。如果人们不断地尝试，那么乌贼的味道会很棒，为什么不呢？那不勒斯人是天生的美食家。在德国，我们只能在高级餐厅里找到那些准备做大餐用的肉类与海鲜。但是在那不勒斯，我们可以在最穷困潦倒的苍蝇馆子里得到同样的待遇。在那些小馆子的窗台上铺着店主当天购买的少量食材。每年的 9 月 7 日相当于那不勒斯的美食节，那天是皮埃迪格罗塔节（Piedigrotta），这是古罗马传统中有关生育的节日，在那不勒斯一直延续到今天。那么普通人怎么办呢？如何让并不宽裕的家庭也能在节日当天吃些好东西呢？一年四季，他们除了向店主支付周账单，每周还会多付二十或三十个硬币，这些多余的硬币攒起来留待皮埃迪格罗塔节，他们便能在当天得到一块烤山羊、一块奶酪和一些美酒。那不勒斯的人民用这种方式确保人人都能参与节日庆典，就像我们德国人用相同的方式预防衰老和意外一样。

皮埃迪格罗塔节中的其余部分就很难说。想象一下，在一个有百万人口的城市中，所有男孩和女孩都在密谋，在夜幕降临时的街道上、拱门下，在广场上和大桥下等地方制造着最难以想象的骚动，天亮之前都不曾停歇。再想象一下，他们中的大多数人都购买了一种令人毛骨悚然的彩色号角，这些号角在每个街道拐角以五分的价格出售。他们无所顾忌地在人群中跑来跑去，拦截无辜的路人，挡住他的去路，把他团团围住，对着他的耳朵大吼大叫，直到那人吓得半死或设法逃脱。为了弥补这一点，皮埃迪格罗塔节还准备了其他甜美宜人的东西。这一天，那不勒斯会举行一场音乐创作比赛。而节日那天首次登台的大部分歌曲，都已在街头的手风琴声和木质钢琴声中传唱许久，它们中最美妙的歌声会被颁奖。要知道，在那不勒斯，人们崇拜唱歌优美的人就像美国人崇拜他们优秀的拳击手。

不仅只有重大的节日，在那不勒斯这座城市中，几乎每天都有事发生。城中的每个街区都有属于自己的神明并受其庇佑，对于以该神明命名的节日庆典，人们总是早早地开始准备。事实上，他们会在节日前的好些天开始忙碌，在街道两旁竖起高高的桅杆，将纸花环从街道的一侧拉到另一侧，并悬挂起红色、绿色和蓝色的小灯泡。五颜六色的纸片在街景中起着最大的作用。它们的光泽与轻巧以及迅速磨损的特征与当地人充满活力但也喜怒无常的本质完全相符。在这里，随处可见天空中飞舞的红色、黑色、黄色和白色的小纸片，祭坛的背景墙由五彩缤纷的光面纸制成，绿纸折成的祭祀玫瑰铺在鲜红的生肉上。从未让那不勒斯街道寂寞的城中市民总能迅速地察觉，哪个街区正在举行庆典活动，于是便马上蜂拥而至，对此他们总是乐此不疲。我还从未看过这样的庆典表演：这边厢，表演吞火的杂耍艺人在开阔的街道上且行且演，他的手中各握着熊熊燃烧的火把，正交替着塞入口中，在出奇的冷静中他将火焰吞噬；那边厢，人们只需支付一个里拉的价格，就能看到完整的影子切割表演——魔术师利用光影的特殊原理，将影子的轮廓完整切下，并在黑色的光面纸上复现。但我不想继续和你们谈论那不勒斯的运动员和预言家了——你们在德国的博览会上也能看到这些——我想和你们聊聊我在那儿遇上的一位神奇画家，我还从未在那不勒斯以外的其他地方遇见过类似的画家。起初我并没有留意到他，我的意思是，画家本人仿佛隐身了一般，我只看到有一群人围成一圈，而中间是空的。于是我便走近一些，看到一个小小的不起眼的家伙跪在正中央，正用彩色粉笔在地上画着基督的图像，还有圣母玛利亚。时间在他身上仿佛静止了，他不慌不忙，有条不紊，人们会看到他精准地安排所有步骤：他正考虑在哪里放置绿色、黄色或棕色的粉笔。过不了一会儿，他就完成了。接下来，他坐在他的作品旁，为之惊叹的人群纷纷向他的粉笔画投去钱币，而他只是安静地等待，一刻钟过去了，半个小时过去了，直到他所描绘的人物的头颅、四肢乃至全身都被硬币覆盖，他便马上收起地上的硬币，而地上的这幅画很快就在行人的脚步中消失了。

每次节日的庆典都伴随着海上的烟花，准确来说，是曾经伴随着海上的烟花，至少在我1924年初次踏上那不勒斯的时候，还有燃放烟花的环节。但是之后，当地政府发现那些在夜空中挥霍的金钱数额过于庞大，于是下达了限制烟花的禁令。于是，每逢7月至9月，在那不勒斯和萨勒诺之间的海岸线上总有傍晚时分出来巡逻的火警车队。不过现在，人们总能在那不勒斯，偶尔也在索伦托（Sorrento）、米诺里（Minori）或普莱亚诺（Praiano）的上空发现烟火的踪影，每个教区都试图用最新的光照效果来与邻近的教区竞争。

好啦，关于那不勒斯的日常生活和节日庆典，我都和大家讲了一些。但那不勒斯最奇特的地方在于，生活与节日是如何完美地融合在了一起：那里的街头为何每天都充满节日的气氛，永远的歌声和悠闲的路人，身上穿着像旗帜一样飘扬的衣服；那不勒斯的周末为何永无停歇，店铺在周日都不关门，甚至可以开到深夜。如果要完全地了解这座城市，人们可能需要当一年本地的邮差，在那些迷人的小径上兜兜转转。

至此，你会比其他许多城市更有机会了解世界上的地窖、阁楼、后院和所有隐蔽的地方。然而，邮差也永远不会真正了解那不勒斯。因为这里住着成千上万这样的人，他们一年都不会有一封信，甚至没有固定的门牌号码。大多数人仍挣扎在生活的困境与苦难中，这也解释了为什么我们国家中的大多数意大利移民都来自那里。成千上万的那不勒斯人挤在美利坚游轮的下等舱中，向他们的故乡投以最后一瞥。在临别时分，它再一次变得如此美丽，那错综复杂的盘旋楼梯，层层叠叠的庭院，还有家乡的教堂都逐渐消失在屋顶的海洋中。就在那不勒斯城的这幅景象中，我们结束今天的节目吧！

🎙 播出信息：

1931 年 5 月 9 日在法兰克福西南德意志广播电台播出。

赫库兰尼姆城与庞贝城的陨落

　　你们听说过米诺陶洛斯牛头怪的故事吗？那是生活在底比斯迷宫中的可怕怪物，每年，它都要吃掉一个童贞女孩。当女孩被扔进这个遍布岔路小径的迷宫中，她很快就会迷路，再也找不到出口的女孩很快就被这怪物吞食。直到后来，忒修斯（Theseus）从底比斯国王的女儿手中获得一捆线团。他把线团的一头牢牢地绑在迷宫的入口处，这样他就一定能找到往返的路。最终，忒修斯杀死了米诺陶洛斯牛头怪。这位机智的底比斯国王之女名叫阿里阿德涅（Ariadne）。今天的人们若要进入庞贝城，或许同样需要阿里阿德涅手中的线团，因为庞贝城是世界上最大的迷宫，世界上最大的迷径花园。在这里，人们举目四望，除了城墙和天空便什么也看不到。我们现在讨论的当然是1800年以前还没有被火山灰掩埋的庞贝古城，即便是那时，要彻底了解这座城市也绝非易事。那时的庞贝古城，正如今天我们的卡尔斯鲁尔区一样，由规则的街道网络组成，这些街道网络彼此之间以直角相交。但那时人们用以探明自己此刻身处何方的标记，那些店铺与酒馆

　　　　　　　　第一部分：青少年广播

的招牌，那些高耸的庙宇与楼房，如今都已消失。那些曾经楼梯与墙壁错综盘旋的密集建筑，如今徒留四面漏风的断壁残垣。不久前，我和来自那不勒斯或卡普里（Capri）的朋友一起经过这座死城，每当我想要呼唤我的伙伴留意墙上某幅褪色的壁画或是脚边的某处马赛克图案时，总是惊讶地发现现场只剩下我一人。因此，我们不得不彼此高声呼喊以便弄清各自身处何方，在紧张的几分钟后，我们才得以碰头。你们不要以为在死寂的庞贝古城中漫步犹如在古物博物馆中漫步一样轻松惬意。事实并非如此。在庞贝古城里笼罩着一种闷闷不乐的氛围，在那宽阔、单调、毫无人影的街道上，你的耳朵捕捉不到任何声音，而你的眼睛则只能与沉闷的色彩相遇，漫游至此的人们很快就会发现自己被一种奇怪的心情裹挟。只要听到一丝脚步的声音，或是另一位孤身的游客毫无预兆地出现在你面前，都会让人瞬时紧张起来。而那些身穿制服却带着那不勒斯式流氓面孔的警卫们并不会让事情变得更好些。古希腊人与古罗马人的房屋几乎没有窗户，阳光与空气皆通过房屋内部的中庭进入，中庭是屋顶上的一个开口，就像地面上收集雨水的脸盆一样。那些本来就没有窗户的楼墙，在油漆颜色褪尽之后显得更为严峻和肃穆。人们只要看看庞贝古城里单调冷峻的墙垣，或是至今还屹立着的为数不多的古城门，就会发觉维苏威火山，尤其是它山脚下的森林与山顶上的葡萄庄园，显得尤为美丽与可爱。

　　几个世纪以来，这座火山对庞贝人来说都显得如此可爱，完全无法与之后摧毁他们城市的可怕之物联系起来。当地一直流传着一种古老的传说，在赫库兰尼姆城与庞贝城所在的坎帕尼亚（Kampanien）地区，能够找到通往冥界的入口。然而，自从有历史记载以来，人们就没有听说过维苏威火山爆发的消息。维苏威火山已经沉默了数个世纪，在草木丰茂的火山口，有牧羊人在放牧他们的牛羊，火山底下藏着的是奴隶首领斯巴达克斯与他的勇士们。坎帕尼亚地区一直都有地震，人们对此已经习惯并且显得无能为力，他们不得不把自己的生活空间局限在更小的范围里。然而，人类与地球数百年的和平共处马上就被打破了，那时人们的震惊正如今天失去和平的我们一样。因此，在基督诞生后的第六十四年，这场可怕的地震第一次打破了这种和平的生活。当时，庞贝城受到了极大程度的重创。十六年之后，庞贝城遭到了彻底的摧毁，几个世纪以来直到今天，这座城市从地球上彻底消失了，再也没有这样独一无二的城市了。在维苏威火山爆发之后，庞贝的所有城区都进行了全面的更新与改造，只因从来没有人会按照被摧毁前的样子来重建一座城市，人们总是希望从不幸中获得一些好处，那就是尝试以一种比以往更安全、更优越、更美丽的方式来改造旧建筑物。这就是发生在庞贝古城里的事情。当时它不过是座中等规模的乡村小镇，约有20 000名居民。萨姆尼特人（Samniter）是意大利的少数民族，他们在基督诞生前就一直自给自足地居住在庞贝城里。在火山爆发前的约一百五十年前，当罗马人占领该地区时，庞贝城并没有遭受太大的损失。它并没有被彻底征服，只有少数罗马人定居在那里，萨姆尼特人不得不与这些罗马人共享属于他们的领域。这些罗马人很快就开始按照自己的风俗和习惯来安排自己在这座城市里的生活起居，并且由于他们已经着手对庞贝城进行改造与重建，因此后来的地震当然也成了他们天然的理由。简而言之，当庞贝城被火山灰摧毁时，萨姆尼特人的遗迹就已所剩无几。有些学者希望当时没有发生地震，这样古老的萨姆尼特城就会被维苏威火山灰掩埋，其中的大部分就会像今天的罗马庞贝古城一样被保存下来。虽然我们对罗马城市了解不少，但对萨姆尼特人的城市却一无所知。

然而我们却可以说，没有人不知道庞贝城是如何消逝的，就好像它发生在我们今天一样。我们从两封信上获知了这些信息，那是一个亲历维苏威火山爆发的目击者写给罗马历史学家塔西佗（Tacitus）的。这些信笺可以说是世界上最著名的信笺。我们从中不仅可以知道当时究竟发生了什么，而且还能知道那时的人们对此的反应。这些信笺由小普林尼（Plinius）写就，他是一位出色的自然科学家，灾难来临时，当时年仅十八岁的他正和叔叔一起住在那不勒斯旁的米塞努（Misenum）城中。而他的叔叔老普林尼曾担任过罗马舰队的司令，并且在这场灾难中丧生。现在我为大家朗读一段其中一封信上的内容：

"现在天就要亮了，但眼下光线仍然很暗。我们周围的房屋摇晃得如此剧烈，我们所处的空间太小了，如果房子倒塌，我们不可能不面临真正迫在眉睫的危险。因此，我们最终决定干脆逃出这座城市。我们身后是巨大的人群，在恐惧面前大家都显得惊慌失措，并且表现出在此类场合中常有的举动：人们总是相信，跟着别人走是明智的选择。密集的人流推着我们前进，又把我们绊倒。一旦我们离开了房屋密布的城区，我们就原地停了下来，那是因为我们遇到了更为可怕的、闻所未闻的新恐怖。地面原是平的，然而我们企图用以逃亡的车辆却在原本平坦的地面上东倒西歪，从道路的一侧滑向另一侧。除非借助石头的帮助，否则我们根本不能够将它们固定在合适的位置上。海浪高高地涌起，似乎要吞噬沙滩，而沙滩也仿佛徒劳地将它推开。无论如何，海水退出了海岸，许多海洋里的生物留在了干燥的陆地上。然而，在我们面前的还有仿佛来自神域的黑云，巨大的锯齿状的火焰时不时将它撕裂，它不断地闭合，又再次分裂，在乌云密布的天空反复地出现了类似闪电的火焰，只不过比闪电还要更猛烈。"

小普林尼在信中如是写到，我们很快就会从他那里听到更多的消息。但是正如我告诉你们的那样：小普林尼从远处目击了灾难经过，他笔下带着火焰的乌云笼罩的是维苏威火山。也就是说，火焰并没有直接触及庞贝城。事实上，庞贝城的陨灭并非与马提尼克岛（Martinique）在20世纪初的消亡一样，是遭炽热的乌云所毁。大火并没有波及庞贝古城。是的，甚至维苏威火山最后一次爆发时如此剧烈的熔岩火浆都没有触及这座城市，庞贝城实际上是被一场大雨掩埋了。但现在看起来，那是一场罕见的怪雨。在信中的其他地方，小普林尼讲述了笼罩在维苏威火山上方的乌云忽而看起来深黑忽而看起来浅灰的怪状。庞贝古城的考古挖掘为我们揭露了这种奇异景观的来历，那是由于火山交替喷发出了黑色的火山灰，然后又投射出了大量的灰色浮石的关系，在庞贝城的遗迹中至今还能清楚地看到这种分层。这里还有一层特别的含义：我们如今能够完全清晰而逼真地看到两千年以前人类的生活图像，都要归功于这地球上其他地方未曾有过的灰烬层。事情是这样发生的，比起浮石砸落在人们的脑袋上致其殒命的危害，大部分人是被夹杂着黑色火山灰的雨水夺走了性命：无论他们怎样试图用毛巾或枕头来保护自己，充满灰烬的雨都使庞贝人窒息而死。庞贝人的尸体在浮石灰烬中腐烂，后来的人们在挖掘时只能找到他们的骨架。但这里的灰烬层也非常特殊：就像某些人猜测的那样，从维苏威火山里喷发出来的火山灰是潮湿的，它们可能在火山爆发之时就被突至的大雨给彻底打湿了。无论如何，湿润的火山灰实实在在地黏附在每一处细微的衣服褶皱，每个人的耳朵内蜗以及随处可见的手指缝、头发丝和嘴唇上。但是之后，火山灰凝结的速度比尸体分解的速度要快得多，因此，今天的我们能够对当时的场景获得真实而鲜活的印象。我们得以清晰地看到人们在灾难来临时如何不断地跌倒，如何与死亡抗争，又或者如何最终平静地接受死亡，正如我们在一个小女孩的遗骸中看到的那样，她安静地躺着，双臂抱在头下，以此等待末日的来临。在庞贝城 20 600 名居民之中，在这场灾难中丧生的人数几乎不超过十分之一。

　　同时我们能看到当时有许多人，他们对财产的关注使他们无法及时地顾及自己的安全。他们把自己连同他们的金银财宝一起锁在地窖里，当火山喷发结束时，他们也一起被埋葬了。他们再也没有其他办法打开地窖的门，最终都饿死了。而有些人则倒在砸落的装满珠宝和银器的麻袋之下。还有许多人，正如我现在正为你们读的这封信的作者小普林尼的叔叔老普林尼在内的其他许多人，纷纷选择了涌向海边，而不是逃往内陆，他们在海边焦灼地等待，企图最先抓住最佳时机涉水而逃。但是，海浪受到地震的干扰变得反复无常不可接近，所以那些在岸边等待的人们最终葬身在了沙滩之上。

　　"几乎在很短的时间里，"小普林尼这样写道，"我们头顶的乌云沉降到了大地，笼罩在大海之上，覆盖了卡普里岛以及陆地上的所有山脉。我环顾四周，身后的人群弥漫着黑暗的癫狂，犹如开闸后倾泻的洪水涌动着邪恶。'如果我们穿越这里，或许还能看到希望。'我对我的母亲说，'如果我们只是待在这里，恐怕马上会被这黑压压的人群踩踏压垮。'但是我们也停不了多久，夜幕笼罩着我们。这并非一个没有月亮的夜晚，或是一个乌云密布的夜晚，而是一个仿佛被困在一间没有开灯的斗室里的夜晚。在这里，除了女人的尖叫、孩子的哭喊和男人的咒骂声，你什么也听不到。有人在呼唤他们的父母，有人在呼唤他们的孩子，有人在呼唤他们的妻子，因为在这黑暗之中，人们只能通过声音来辨认彼此。有些人为自己或亲戚的命运哭泣，有些人为神明安排的命运哭泣。出于对死亡的畏惧，有些人祈祷死亡快点来临，还有一些人举起双手向诸神祷告，但更多的人再也不相信有神存在了。而今晚，对于整个世界来说，都是永恒的黑暗。天空终于变得有些光亮了，我们说的不是白天的光亮，而是夜晚中正在向我们靠近的火焰，但它终究没有触及我们。然后又是黑暗，又是弥漫着大量灰烬的雨。我们需要时不时地站起来掸落身上的泥浆与石灰，否则就会被它们淹埋，甚至被它们压垮。我可以对自己说，在这样的灾祸中，我永远听不到旁人的抱怨，也不会说出可能显得软弱的话语。我知道，现在我必须和其他所有人一起走向死亡，而所有其他人现在也都必须和我一起走向灭亡。这听上去无限悲凉，于我却是极大的安慰。"

从这封信的叙述中可以看出，当时没有人怀疑这场灾难发生的原因。有些人认为太阳将要落在地球上；另一些人则认为地球已经向天空飞去；还有一些人认为，正如后来的历史学家告诉我们的那样，他们看到了烈焰云层中的巨人，并相信古代诸神反对统治者的起义已经爆发。剧烈的火山喷发所产生的灰烬痕迹一直蔓延到了罗马、埃及和叙利亚，而关于这起自然灾难的消息传到了这些国度之外的更远地方。火山喷发之后，有部分幸存者即刻返回了庞贝城，他们并不是要重返故乡定居——要在一个积累了高达十五米至三十米灰烬的地方重新安家是不可能的——他们只不过想要碰碰运气，找一些旧家当。在此过程中，许多人被灰层中再次掉落的砾石掩埋而死。数百年来，这座城市从人们的记忆中消失了。当它在上个世纪终于再次以其商店、旅馆、剧院、学校、寺庙、浴室环绕的城市从地球上崭露头角时，它并非两千年以前在公元 79 年维苏威火山爆发前的那座古城庞贝，而是完全换了一副光景。对于那个时代的人民来说，毁灭一座繁荣的城市是真的；对于今天的人们来说，保存一座陨落的城市也是真的。这份保存工作如此精确而详细，就连古城墙壁上密布的细微铭文都清晰可见，正如我们如今浏览公告栏一样。从庞贝人墙垣上的记载中人们得以瞥见他们真实的日常生活：他们在市政厅的争辩、他们的动物竞斗活动、他们与上级的争吵、他们的商铺与酒馆。然而，在这数百种铭文中，我们最终在其中一句铭文前驻足，我们有理由相信这也许是庞贝城最后的铭文。当那充满威胁的火焰已经笼罩了整个城市，某位犹太人或基督徒最终在这里做了标记，在墙上潦草地写下了"索多玛与蛾摩拉"（Sodom und Gomorrha），庞贝城墙上最后一句令人毛骨悚然的话语就是这个。

🎙 播出信息：

1931 年 9 月 18 日在柏林广播电台播出。

广州的戏院火灾

我已经和你们讲述过维苏威火山爆发埋葬庞贝古城的悲剧，告诉过你们18世纪摧毁葡萄牙首都的那场大地震，今天我想和你们说说百年前在中国发生的一场灾难。你们要知道，如果我只是想告诉你们中国历史上发生的任何一场灾难，我可以——你们都很清楚——选择其他更近期的事件，而不是这场广州戏院的大火。你们只需想想报纸上日复一日充斥的战争近况，有关它们的报道不管怎么说都比我今天要谈的发生在广州一家戏院的火灾要详细得多。[1] 但是在我看来，如果大家真要对中国人有些许了解的话，没有什么能比戏院作为讨论话题更适合的了。然而今天，我要讲的既不是中国戏院里的戏剧作品，也不是登台亮相的戏剧演员——后面也会稍稍谈到一些有关演员的事儿——而是主要想和大家聊聊中国戏院里的那群观众以及戏院的建筑本身，它们可以说和我们想象中的剧院场景截然不同。走近中国戏院的外国人，料谁都不会

1　即广州1845年5月25日的戏院火灾，约1 670人死亡（亦说1 400—2 050人）。

相信这竟然是一座剧院。人们听到的是喧闹而尖厉的，夹杂着鼓声、钹声以及弦乐声的粗野声响。欧洲的观众只要有机会亲临这类剧院的现场，或是在留声机上放一张名为中国戏剧音乐的唱片，就能深刻体会到什么叫作猫叫般的噪声。

　　人们走进戏院，恍若踏入饭馆，还得先穿梭在脏乱不堪的后厨里：首先在类似于盥洗室的空间里，有四五个男子躬身围着一只热气腾腾的滚圆木桶，不停地洗濯滚烫的手巾。可不要小看这些手巾，它们在中国戏院中起着最重要的作用。戏院里的观众在每次端起茶杯或饭碗之前、放下茶杯或饭碗之后需要用它们擦拭自己的脸颊和双手，跑堂的伙计们时刻以待，将观众们揩拭完的手巾迅速地换成新鲜滚烫的新手巾，新旧手巾们仿佛被某种精密的弹弓支配着，在戏院观众们的脑袋上来回飞舞。吃吃喝喝在中国的观剧体验中十分常见，人们以此抵消戏院中舒适与欢愉的缺失，然而舒适与欢愉本就是中国人家中的稀缺之物。他们从没有暖气的卧房出来，转头走进没有暖气的戏院，在木板条凳上坦然地坐下，随意地把脚搁在石墩上；他们纵声叫好，只因大家都是如此老练的戏院专家，能够无所拘束地随时发表自己的高见。中国观众如果想要在戏院里看一部新戏，恐怕要等上很长时间。因为在中国，一部戏重复演上四五百年是很平常的事儿。即使是新戏，大多也改编自妇孺皆知的故事、传说或是其他形式的作品。中国戏剧没有庄严感，也无张力，至少没有体现在表演里。

但是，当我们看到戏院里的杂技演员们在悬于半空的秋千上飞来飞去时，或是看到他们一边踩着高跷一边用自己的鼻子稳稳地顶起碟子时，我们大概能稍微改变一些刚刚的看法。事实是，中国戏院里的每一位演员都有杂技的功底，他们同时还兼备舞蹈、歌咏、武术动作等诸多本领。为什么会这样？我只需要和你们说一件事儿，你们就明白了，那就是在中国的戏院里没有任何的舞台布景。也就是说，戏院里的演员不仅仅是他们所扮演的角色，他们同时还具备舞台布景的功能。那么，演员们如何做到这一点？我来解释给你们听。比方说，如果在表演中要踏过门槛，穿过一扇不存在的门，演员就得将脚抬高到地板上方一点，好像踩着什么东西一样。另一方面，将脚抬高的步伐放缓意味着角色正要上楼梯。倘若戏中的将军需要登高观战，那么扮演他的演员就爬上一把椅子。观众们通过演员手中的鞭子来辨认他们的身份。如果要表现戏中某个官老爷坐在轿子中的情形，扮演该人物的演员会徐徐地走过舞台，而他的周围则是四位弓着身子的其他演员，由他们做出负重抬轿的姿势。而如果这四人冷不防做出停摆的动作，就意味着官老爷已经下轿。演员们若要精通这些，自然要经历漫长的学徒期，通常七年为限。在此期间，他们不仅要学习唱戏、杂技动作以及所有其他技巧，还要学习差不多五十本戏的角色，以便能够随时登台表演。谙熟多本戏剧的角色对演员来说十分必要，因为很少有观众会满足于一次只看一折戏，他们更想看到一本戏中的场景衔接着另一本戏中的场景，不同的戏剧场景在如此纷繁的顺序中组合起来，这样一来，观众们在一个晚上就能够有序地欣赏十几本戏的表演。不过话说回来，如果真要从头到尾地演出一整本戏，那就要耗上两到三天的时间，是的，它就是那么长。当然也有比较短的戏剧，短到只需要一位演员上台即可。我现在就为你们朗诵其中的一部，它的名字叫作《梦境与老者之言》。

　　"我要给你们讲一个有趣的故事。多么遗憾啊，天公如此不公，他降下雨雪，却不下银两。昨晚我躺在土炕上辗转反侧，难以入眠，从一更到二更，从二更到三更，直到打了三更之后，我进入梦乡。我梦见在村子的南边埋着宝藏。于是我拿起铁锹和锄头，去到田间地里挖宝。我真的很幸运，毫不费力地找到了宝藏。我发现那银子做的鞋子，装满了整个地窖，一张大草席将它掩盖着。我把这些银鞋悉数取出，再往下瞧，嘿！我可真要乐坏了：好家伙！底下还藏着一根足有十五米高的珊瑚柱，镶嵌着货真价实的红玉髓与白玛瑙。然后，我拿走了七八袋钻石、六只装满了巨大猫眼石的篮子、三十三架自鸣钟、六十四块腕表、精美的靴子和帽子、华丽的外套与披风、最新款式的时髦手袋，还有七十二锭沉甸甸的金条以及刚刚说到的银鞋，它们足有三万三千三百三十三只。眼前如此多的金银财宝，却让我犯了难，下一步该如何呢？该拿它们去买块田好好种地吗？不成，我担心会有旱灾或洪涝。该拿它们去开一家粮店吗？不成，恐怕老鼠会把我的东西全啃光。该拿它们去放贷吗？不成，担保人会是个问题。该拿它们去开一家典当行吗？不成，我恐怕要血本无归，如果当铺的掌柜卷着我的钱跑了，我上哪儿找他去？在无尽的忧虑中我愈发激动，以至于一下子就惊醒了：这只是一个梦啊！我的双手摸到了炕旁的打火器，这不就是刚刚的银鞋！我摸到了一旁烟筒的黄铜管子，这不就是刚刚的金条！我又前后摸索了一番，直到我的手指触碰到了一只硕大的蝎子，它有着绿色的脑袋。蝎子蜇了我一下，痛得我哇哇大叫。"

当然，只有最优秀的演员才能独自登台表演这类短剧，他们通常都是行业中享有盛名的角儿。他们出现在哪儿，哪儿就会以最高的敬意迎接他们。名角们经常受邀于将相府邸或富裕的商贾人家，带着他的整台班子前往私宅表演。欧洲的艺术家们压根不会眼红，因为在中国，野心勃勃的戏院演员之间不遗余力的明争暗斗从未停止，尤其是那些已经出了名的大师，他们不得不生活在无止境的恐惧中，担心被嫉妒他们的同行捉弄或迫害。演员们绝不可能在外边吃哪怕一点儿东西，他们深信，只要有稍许的不留心，就会成为一桩投毒谋杀案里的受害者。演员们在表演期间喝的茶是秘密购买的，每次都在不同的茶铺。他们在家里煮好开水，灌入自己随身携带的茶壶，并且只能由身边最亲近的人才可以煮水和泡茶。戏院里的名角们同时还坚守这样的行规，永远不在不是他自己的戏台班子的演奏中登台表演，因为他们从不惮以最坏的恶意揣测自己的同行对手，担心他们会故意在伴奏或表演中使坏而让自己陷入圈套。他们的担心不无道理，因为台下的观众随时准备对台上最小的失误报以最严厉的嘲讽与唾弃。只要对表演有些许不满意，他们甚至不惜将茶碗径直地砸向舞台中央的艺术家们。

现在我想告诉你们那次大火是有史以来最大的一次戏院火灾，它发生在 1845 年 5 月 25 日的广州。和中国的其他地方一样，这座戏院由竹排搭建，屋顶由茅草铺就，它因特殊的节日庆典而建，用以祭拜战神关羽。在持续两天的庆典中，这座戏院就矗立在店铺摊位密布的集市中央。它可以容纳三千人。在人满为患的第二天下午，戏院里的戏台正中会摆上关公塑像。我在前面已经告诉大家，在中国戏院里没有任何用以舞台布景的装饰物，人们只能通过舞台中央忽隐忽现的祭祀烛火加以辨认。接着，某位演员打开了戏台背后两扇门中的一扇，一阵强风袭来，将几支烛火吹倒，火苗很快蹿到了邻近铺着的几张草席垫子上，瞬间整个舞台都在火光之中。短短几分钟的时间，大火席卷了整座戏院。接下来才是最可怕的，那就是整个戏院只有一个出口。如果谁幸运地身处出口近旁，他就能自救；但如果谁坐得离出口较远，那就无力回天了。几百人刚从戏院逃出去，火苗就已经蹿到了大门。他们试图用水桶和水管泼水，但没有用。不过一刻钟的时间，现场的热浪已经让人无法再靠近，超过两千人因此丧生。

听闻这些的欧洲人自然会对西方砖石结构的剧院建筑生出许多宽慰和骄傲之情，这些石质剧院在建造时期就被置于严格的监管之下，与此同时，每次演出期间都有几名消防员在场，不遗余力地确保剧院观众的安全。如果实在不幸有惨剧发生，其形势也不会发展至广州戏院的程度，只是因为我们的剧院容纳的观众要少得多。但就是这样：在中国，无论是工作还是节庆，所有重要的活动都是为数量庞大的人群而设的。与欧洲人相比，中国人对于在人群中生活的感受要强烈得多。因此，在我们眼中不可思议的谦逊，恰是中国人的首要美德，并且它绝非意味着对自身的过分贬低，而是生活在巨大人群中的中国人永恒的意志。它同样深深扎根在如孔子与老子这样的智者所制定的教育典籍以及日常秩序中，需要每个人以自己的理解和具体的行为作为贯彻德行的基础，这些伟大的智者以此指引着中国人，让他们能够在人群中怡然地生活。他们同样教化中国人要对国家，尤其要对国家里的官员显示出极大的尊敬，这一点是我们欧洲人面对公务员时无法想象的。与此同时，中国的科举考试中不仅包括我们熟知的专业知识，还需要对所有诗歌和文学有充分的了解，尤其是我前面提到的孔孟圣贤所立的典籍。是的，如果人们要追问的话，正是中国人的此番信仰使得他们的戏院如此破败和易燃。至少曾经，当我和别人谈及这场惨剧的时候，有一位中国人这样亲口同我说：

"在中国，我们始终认为，任何城市中最坚固并且最漂亮的建筑必须是政府大楼，其次是寺庙。类似于戏院这样的娱乐场所不应该引起人们的注意，因为不然的话，人们就会认为秩序与工作在这座城市中微不足道。"于是正如你们所知道的那样，在中国的许多城市它们的确成了微不足道之物。但我们依然希望，被大火炙烤的血腥戏院能够不再复现。

🎙 播出信息：

1931 年 11 月 5 日在柏林广播电台播出；1932 年 2 月 3 日在法兰克福西南德意志广播电台播出。

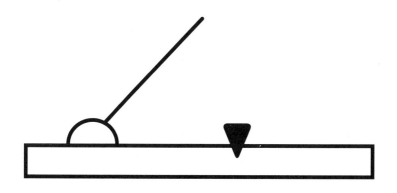

ZWEITER HAUPTTEIL
Rundfunkvortrag, Hörspiel und Hörmodell

第二部分

广播谈话、广播剧
与教育广播剧听觉模型

儿童文学

亲爱的看不见的小听众们：

你们肯定已经听过很多次这样的对话："哦，天哪，我们小时候可没有那么好的事儿。我们那时还要时刻担心考试成绩；我们甚至连赤脚走在海滩边都不被允许。"但是，你们可曾听到哪个人说"哦，天哪，我们小时候可没有那么好玩的玩具"或者"我们小时候可没有这么好看的童话书"这样的话？——不会的。因为每个人在童年时代读过或玩过的东西对他们来说，不仅是记忆中最美的和最好的，甚而常常失之偏颇地认为那是最独一无二的东西。生活中我们直至今天也时常听到某些个成年人的抱怨：那些他童年时随便在附近哪个商店就能买到的玩具，如今都已经消失了……这里必定有特别的原因，让人对童年时期的玩具总是难以忘怀。好了，我们现在暂且不讨论童年玩具，但是应该提醒自己注意的是要把握住孩童的立场，因为接下来我们要讨论的儿童书籍，也是从孩子而非成人的角度出发来理解的，孩子们的视角通常与成年人的视角存在着很大的不同。

让我们先从入门级的儿童读物开始谈起。还有多少人无法弄清儿童与字母之间的关系？在童年的早期阶段，识字书上的每个字符都如同枷锁，孩童们的双手和舌头都不得不备受羞辱地受其束缚，而到了后来的阶段，孩子们又开始把玩起了声音的游戏，并在"盗贼"语言或"数豆豆"的游戏丛林中建立起了他们最初的秘密社团。显然，没有哪个航海冒险的传说或有关精怪幽灵的故事能够在成年后的男孩身上引起与童年时期一样的触动。的确，德国最早的儿童启蒙书籍始终带着幼稚的教学技巧并且努力迎合孩子们的喜好。那些"识字小册"起初就是按照拟声原则进行排列和规划的："O"在书中从一位马车夫的口中响起，插图中的他正骑在一匹马的背上；"Sch"出现在小册的另一页上，画中的妇人正一边呼唤一边赶鸡群；"R"是狗吠；而"S"被放置在了一条嘶嘶作响的蛇的下方。但是这种拟声法则很快就消失了，自反宗教改革运动[1]以来，我们在儿童的识字读本中只能看到，语言符号的威严是如何通过词语的堆砌以及复杂的形式呈现在孩子们惊恐的眼前。之后到了18世纪，分门别类的纸盒式识字法风靡一时，在这种体系中，孩子们读到的每个单词都被挤进士兵般等级森严的队列中，它们愁眉苦脸地紧挨在一起，作

1　即 Gegenreformation，又称天主教改革或公教改革，1545—1648 年间天主教会为回应宗教改革的冲击而推行的革新运动。

为下等士兵的小写字母要听从构成名词词首的大写字母的指挥。也正是这段时期，出现了一系列这样的识字小册子——在它们的封面上赫然允诺人们能够从册中找到与 ABC 字母相对应的 248 幅图像。但是如果人们仔细观察，就会发现它们不过八页的篇幅，而那些微小的图像密集地排列在一起，几乎难分彼此。当然，这样古怪的识字图书不会让任何一个孩子感到共鸣并有所收获，能够引起他们兴趣的识字图书应该像让·保尔（Jean Paul）笔下的伍茨（Wutz）校长[1]所展示的那样："他用漂亮的花体写下 ABC 字母，干净利落又妙趣横生。在所有黑色字母中间他又安插了红色的字母，用以引起孩子们的注意。因此，德国的孩子们至今都仍然记得，那时像捞起煮熟的螃蟹一般从黑色字母中打捞出红色字母并享用它们的喜悦。"

当然，老师们很快就发现，不仅孩子们无法理解启蒙童书，而且，在所有的书籍中，与孩子们有关的书籍才是最难对付的。最明显的事情就是，孩子们的直观感受常常与书上单词的所言所指相去甚远，更不用说字母了。1658 年，阿莫

1　这里所指的是让·保尔写于 1793 年的小说《好老师玛丽亚·伍茨在奥恩塔尔的生活》（*Das Leben der vergnugten Schulmeisterlein Maria Wutz in Auenthal*）。

斯·夸美纽斯（Amos Comenius）创作的《世界图解》[1]首次出版。在这本书中，作者以简单而原始的方式将日常生活中的所有事物，包括超越感知范畴的抽象事物都呈现在了几百页篇幅的图表中。书中的文字仅有一份用德语和拉丁语写就的双语目录。在教育类的儿童读物中，这部作品是罕见而成功的伟大之作。如果人们足够充分地思考就会发现，这部作品似乎是一场亟待完善的重要发展浪潮的开端，然而直到两个半世纪之后的今天，它仍未完成。是的，不仅没有实现，如今的情况比任何时候都要糟糕。事实上，所有涉及直观视觉感知的儿童书籍都基于这样一个显著的事实，那就是一种全新的、标准化且非语言的符号系统似乎正在当今人们的生活（比如交通运输、艺术和算术统计等领域）中广泛地兴起。在这一点上，教学领域也不例外，而且它反映了一种更为深层的文化问题，用一句口号加以总结就是：支持符号，反对文字！也许很快就会有教育性的插图童书面世，向孩子介绍交通运输或是算术统计方面最新的符号语言。

就过去的儿童书籍来看，夸美纽斯的《世界图解》、巴斯多夫的《初级读本》以及贝尔图赫的《儿童绘本》都在这股

---

1 《世界图解》（*Orbis Pictus*），又称《图像中的世界》，是首本有插画的儿童教科书和儿童读物，由捷克教育家夸美纽斯首先以拉丁文与德文出版于纽伦堡，之后被译成欧洲各种语言。该书被视为幼儿教育的先驱读本。

发展浪潮中具有里程碑意义。[1] 最后提到的《儿童绘本》共有十二卷，每卷开篇都附有一百幅彩色铜版画，该书由贝尔图赫策划主持，从 1792 年起至 1847 年陆续在魏玛出版。这部制作精美的作品证明了当时的人们带着怎样的奉献精神为孩子们创作。让视觉读本的文字中也渗透进视觉感受，把有教育意义的图画书和文字融合在一起，以一种基本的方式组织文字，而不让它仅仅作为入门识字绘本，这自然是一件极为艰巨的几乎不可能完成的任务。很少有人能够胜任这一工作，在这方面给人印象深刻的是维希（J. P. Wich）1843 年出版于内尔特林根（Nördlingen）的富有创意和教育意义的儿童图书《木马与玩偶》（*Steckenpferd und Puppe*）。我们现在就来读一段书中的歌谣：

> 小镇的郊外坐着一个小矮人，
>
> 小矮人的身后有一座小山丘，
>
> 小山上流着一条小河流，
>
> 小河里漂着一座小房子，
>
> 小房里藏着一间小仓室，

1　巴斯多夫（Johann Bernhazd Basedow, 1724—1790）提倡自然主义的教学方法，其《初级读本》（*Elementarwerk*）被誉为 18 世纪的《世界图解》，教育史上第二部带有插图的教科书。贝尔图赫（Friedrich Justin Bertuch, 1747—1822）的《儿童绘本》（*Bilderbuch für Kinder*）被视作儿童插画绘本的始祖。

小室里坐着一个小孩子，

小孩身后是一条小板凳，

小凳上放着一个小橱柜，

小柜里放着一只小箱子，

小箱里躺着一只小猫窝，

小窝前蹲着一只小猫咪，

我只记得小猫的小斑点。

如果说世界上有哪个地方总会让所谓权威的专业人士碰
壁，那就是儿童文学的创作领域。我们能够用一句话概括儿
童文学灾难的开始：就从它落入所谓专家之手的那一刻起。当
然，这是儿童文学的劫难，却绝不是儿童读物的劫难。因为
很幸运的是，教育专家们长期以来都极少留意儿童书籍中的
插图部分，或者至少没有企图将它们规范化。就这样，文学
领域中越来越罕见和珍贵的两项特质在这里得以保留：专业技
能中的纯粹严肃和不以为业的纯粹乐趣。为儿童创作的作品
中需要不留痕迹地结合这两项特质。罗霍夫于 1772 年创作的
《儿童之友》正是"青少年文学"的真正开端。[1] 我们必须区分
这样两个时代：一个是孩子们所面对的道德教化的启蒙时期；

1　罗霍夫（F. E. Rochow）的《儿童之友》(*Kinderfreund*) 全称为《儿童之友：乡
　　村学校读本》(*Der Kinderfreud. Ein Lesebuch zum Gebrauch in Landschulen*)。

另一个是 19 世纪的感伤时期，它始终都没有在孩子们的精神生活中彻底隐去。当然，前者并不总是如我们想象的那么无趣，而后者也并非像如今所认为的那般虚伪，平庸是它们共有的特点。下文正是这两种风格的绝佳例证：

　　爱玛刚一回家，就开始忙碌起来。因为她已经答应了奥古斯特，帮她在手帕上绣上缩写字母"A. v T."……奥古斯特和威廉明妮分别坐在爱玛的两侧，一旁的夏洛特和索菲也在做同样的手工活。看到这四个女孩忙碌的情形，真是令人愉快。她们每个人都渴望超过对方。

　　其间，奥古斯特还想利用这个时间对爱玛进行其他方面的教育。因此，她开始向爱玛提问：

　　"今天是星期几呀？"

　　"我想今天是星期二。"

　　"你错了，孩子，昨天是星期天呀。"

　　"那么今天就是星期一。"

　　"没错，星期一。那么一个星期有几天呢？"

　　"七天。"

　　"一个月有几天呢？你知道吗？"

　　"有几天？——如果我没记错的话，同样的问题你是不是已经问了我好几遍，然而每个月的天数都不一样。"

"没错。一年中有四个月是 30 天，七个月是 31 天，还有一个月只有 28 天或 29 天。"

"30 天，那可真是个大数目。"

"你能从 1 数到 30 吗？"

"不能！"

"你有多少根手指？"

"10 根手指。"

"那你就把自己的手指从头到尾数三遍，然后你就能数到 30 啦，和一年中四个月份的天数一样多。"

"那就是一个世纪那么多。"

"世纪？你从哪里学到这个词的？你知不知道这个词的意思？"

"不，我其实不知道。"

"你看，你是不是说了个自己也不知道的词？听上去可真像吹牛！人们总希望自己看上去比实际更聪明。我告诉你吧，一个世纪意味着一百年，一年有 12 个月，而一个月呢，我刚刚已经告诉你了，有时候是 30 天，有时候是 31 天，还有一个不到 30 天的例外，它们组成了一年的光景。而一天呢，又由 24 个小时组成，每一个小时又被划分成更多的分和秒，更大的数字在这里——一个小时有 60 分钟呢。"

"是这样吗？一秒钟不是非常短的吗？"

"一秒钟像闪电一样迅速，它就是一眨眼的瞬间。"

"那么人的一生是不是也意味着就是由无数个一秒钟组成的呢？"

"是的，人的一生其实也过得很快。面对这种转瞬即逝的动荡，我们永远不应忘记要把自己渡到另一个世界。这意味着，我们应该始终努力履行对上帝、对我们的同胞和我们自己的义务，以便宇宙的创造者和统治者决定用他无所不知的智慧召唤我们时，如果我们在大地上虔诚而规矩地做事，就会被认为我们值得进入天堂，那里有奖赏正等待着我们。"

"那些调皮的坏女孩会发生什么呢？"

"她们会下地狱。"

"她们会在那里非常悲惨吗？"

"当然，她们会在永远的痛苦中为自己的行为感到悔恨。"

"永远？哦，我一定要特别小心，不让自己成为调皮的坏女孩。"

奥古斯特可能认为，爱玛不能像她那样清楚地理解这一点，因为有关这些内容的原文和详细释义她自己都在教义书上读过了。当然，如果她能够用鞭子或是可内希特·鲁普雷希特[1]的故事代替"地狱"来震慑还在上小学的小女孩的话，可能更为明智。

这样的作品我们不能说它足够古怪，因为还有许多更为荒唐的作品。毕竟，很重要的一点是，尽管有约翰娜·斯比丽（Johanna Spyri）的《写给孩子们和爱孩子的人们的故事》这样瞩目的佳作，青少年文学在后来的发展中并没有涌现出真正的杰作。不过，在儿童教育的道德启蒙方面，我们确实拥有儿童文学中的瑰宝，它同时也是德语文学中的瑰宝，那就是黑贝尔的《小宝盒》[2]。众所周知，严格意义上来说这部作品并不属于青少年文学，它的成功要归功于最为广泛的民间读者群体，尤其是乡村读者群体的慷慨贡献。现在，如果我们可以尝试用简单的语言来形容这位无与伦比的散文作家，以及他如何将史诗般宏大的故事情节与德国民间传说的写作手法融为一体；那么，这几乎不可思议的统一性中所包含的决定性因素就在于，作者对政治神学的认识帮助他克服了启蒙运动中的抽象道德。因此，正如书中除了因果关系之外就再没

---

1 可内希特·鲁普雷希特（Knecht Ruprecht）：德国民间传说中基督的随仆，常与圣诞老人同时出现，惩戒不够虔诚的小孩，也被称为棕色圣诞老人。
2 作品全称为《莱茵地区家庭之友小宝盒》（*Schatzkästlein des rheinischen Hausfreundes*，1811），作者为约翰·彼得·黑贝尔（Johann Peter Hebel，1760—1826）。

有其他表现事物之间关系的方式一样，再也没有比以下这种具体的方式更适合呈现概念本身：在图像中。也就是说，当他讲述故事的时候，犹如一位制表师正向我们展示钟表的内部机械装置，并分别对发条、弹簧和嵌齿轮等部位逐一进行解释。然后，突然之间（黑贝尔的道德寓意总是出现得很突然），他把钟表的另一面翻转过来，好让我们看清现在是什么时间。在这方面，这些故事也像时钟敲响一样，它们唤起了我们童年时期最早的震惊时刻，并且在我们往后的一生中都没有停止过对我们的陪伴。

许多年以前，有些文学杂志热衷于时不时地举办一些民意调查，比如向许多知名人士询问他们童年时期最喜爱的书籍名称或作家姓名。毫无疑问，答复中当然有许多儿童 / 青少年文学作品的名字。然而值得注意的是，回复中还出现了许多这样的答案，比如《皮袜子故事集》（*Lederstrumpf*）[1]、《格列佛游记》（*Gulliver*）、《金银岛》（*Schatzinsel*）、《吹牛大王历险记》（*Münchhausen*）、《一千零一夜》、安徒生（Andersen）、格林兄弟（Grimm）、卡尔·麦（Karl May）、沃

---

1 原名为 *Leather-Stocking Tales*，是美国作家詹姆斯·费尼莫尔·库珀（James Fenimore Cooper, 1789—1851）创作的系列小说，讲述主人公小男孩班波（Bumppo）的冒险故事。

里斯霍夫尔（Wörishöffer）等，其中有些作品已经失传，甚至作者的姓名都无人知晓。如果我们对这些书籍进行一些排序和归类的话，那么结果就是对它们存在一个普遍的共识：这些书几乎都不是专门为了儿童或青少年而写。然而，它们自始至终都证明了自己是世界文学、通俗读物或者童话里的伟大作品。查理·卓别林（Charlie Chaplin）也是回应这项调查的名人受访者之一，他的回答是"《大卫·科波菲尔》（*David Copperfield*）"。由此，我们或许可以着手进行一项有关儿童文学的重要研究，那就是考察儿童文学——进一步来说是孩子们阅读的书籍——究竟是什么的问题。《大卫·科波菲尔》激发和培养了卓别林天才的模仿能力。事实上，一位法国评论家敏锐地在狄更斯和卓别林的艺术之间找到了相似之处。他说"卓别林自己讲述到，他最初对于扮演一个戴着硬质圆顶礼帽，留着一小撮短胡须，拎着一根拐杖并以怪异姿势踩着脚步的人物的灵感，就来自在伦敦斯特兰德区上遇见的某位小职员的形象"。然而，卓别林电影中的其他角色更贴近《雾都孤儿》或《大卫·科波菲尔》中那个阴郁的伦敦，"年轻而害羞的女孩惹人喜爱；魁梧而举止粗鲁的下人总是准备着挥舞他的拳头，当发觉对方并不害怕他时，他会立马撒腿跑掉；而傲慢的绅士头上的大礼帽总是那么醒目"。

但是千万不要以为，数量庞大且健康有益的青少年读物只能来自塞万提斯、狄更斯、斯威夫特（Swift）或笛福（Defoe）的作品。毫无疑问，我们肯定能在随处可见的通俗作品中获得同样的启蒙力量，它们的诞生也伴随着技术文明的兴起以及文化水平的提高，后者尤其要紧。在那时，我们已经完成了对人类原初生活秩序的重建工作，在这之中，最优美、最崇高的东西常常被排在了新秩序的底层，因此，只有那些碰巧看得更深的人才能在文字和绘画作品的最底层发现这些元素：它们是在举世公认的权威文化文献中遍寻不得的内容。正是出于这样的考虑，恩斯特·布洛赫（Ernst Bloch）最近就在一篇精彩的论文中试图为饱受曲解的卡尔·麦辩护。文章中提到了许多书，都是那些人们只会从图书馆的馆外借阅，甚至在报刊亭都不好意思打听的书，比如《阿卡萨斯的钟摆》（*Die Regulatoren in Arkansas*）、《赤道之下》（*Unter dem Äquator*）、《尼纳先生》（*Nena Sahib*）。如果这些书中有些地方超出了孩童的视野，那么正是这些地方让小读者们印象深刻。通过这样的话语和理念让孩子们因此获得了自己成长的护身符，能够充满欢愉地跨过青少年的门槛进入成年人的应许之地。这也是为什么大家如饥似渴地想要"饱读"这些书籍的原因。

"如饥似渴地读书"，这真是一个奇怪的比喻，但它足够让人陷入深思。事实上，在艺术王国里，没有哪种形式能够像散文那样，读者在享受阅读乐趣的同时也会对文本产生影响，改变甚至是破坏它的形式。也许我们真的能把阅读与消费相提并论。当我们思考这个问题的时候，首先我们必须记住，人需要营养和人需要吃饭的原因可能并不完全相同。以前的营养学理论也许不无道理，因为吃饭是该理论唯一的依据，认为我们是通过吸收食物的精华来获取营养的。但是，今天的我们并不只是通过那样的方式来获取营养，虽然吃饭是一个吸收和获取的过程，但这个过程中我们吸收的不仅仅是生存所需的营养。同样，阅读也是这样一种吸收和获取的过程。换句话说，阅读并不只是增长经验，并不只是获取体验与经历的宝库。所谓心理替代理论其实就是关于营养的理论，它强调我们新生的血液来自我们消耗的血液，我们新生的骨骼来自我们损耗的骨骼，等等。但是事情远没有那么简单。我们读书并不只是为了吸收经验，我们读书是为了完善自我。对于儿童来说，这一点尤其重要，他们的阅读也应遵循这种方式。进一步说，孩子们在阅读中吸收，他们并没有只是沉溺在移情之中。阅读与孩子们的个体成长和感知能力的关系，要比阅读与他们所受教育以及对世界的了解程度的关系更为紧密。这也是为什么我们会说，对孩子们而言，阅

　　　　　　第二部分：广播谈话、广播剧与教育广播剧听觉模型

读本身和在阅读中发现真理一样重要。同样的，儿童书籍所蕴含的特殊意义也正在于此。

🎙 播出信息：

1929 年 8 月 15 日在法兰克福西南德意志广播电台播出。

冷酷的心

改编自威廉·豪夫[1]的作品

瓦尔特·本雅明 & 恩斯特·舍恩[2]

....

演员表

广播员　木炭工彼得　玻璃人　荷兰人米歇尔

埃泽西尔　施鲁尔克　舞池之王　莉斯贝特　乞丐

米勒　米勒夫人　小米勒　路人　车夫先生

....

序幕

广播员： 亲爱的听众小朋友们，又到了我们为大家播出"青少年时刻"节目的时候了。今天我想再为大家读一则童话。读个什么样的故事呢？我们不妨先打开一本大词典，所有童话作者的名字都列在上面，就像电话本一样，这样我们就可以直接选一个人出来。嗯，字母 A 中有阿布拉卡达布拉，

1　威廉·豪夫（Wilhelm Hauff, 1802—1827）：德国诗人、小说家，其童话创作尤为著名。

2　恩斯特·舍恩（1894—1960）：德国作家、作曲家，本雅明青年时期的友人，任法兰克福电台总监时期为本雅明的电台工作提供了至关重要的帮助。

他不适合我们。让我们继续翻翻，字母 B 里有贝希斯坦……
这不错，我们刚刚读过他的童话。

敲门声响起。

字母 C 里有摄氏度。还有字母 D、E、F、G。

敲门声变得更响了。

字母 H 中有威廉·豪夫，好嘞，他就是我们今天选中
的人。

门那边传来了更激烈的拍打声。

广播站这儿的噪声简直像地狱，这样的环境怎么能广播
呢。老天，又来一次！进来吧！哎，进来吧！（小声说）他们
真是搅乱了整个电台节目——啊，这是什么东西？你们是什么
奇怪的东西？你们来这儿干吗？

木炭工彼得：我们是来自威廉·豪夫的童话《冷酷的心》
中的人物。

广播员：来自威廉·豪夫的《冷酷的心》？那你们来得可

真是时候。可是，你们是怎么到这儿来的？你们难道不知道这里是广播电台吗？这儿可不能随随便便地进来。

木炭工彼得：你是广播员吗？

广播员：我当然是啦。

木炭工彼得：好呀，那我们就来对地方了。伙计们，都进来吧，把门关上。首先请允许我们做个自我介绍。

广播员：呃，但——

每个童话人物都伴随着一首八音盒舞曲做完自我介绍。

木炭工彼得：我叫彼得·蒙克，出生在黑森林。大家都叫我木炭工彼得，因为我从我爸爸那里继承了木炭工的差事，当然还有他那一身缝着银纽扣的短上衣和红色的假日长裤。

玻璃人：我是玻璃人。虽然我只有三英尺半那么高，但我对全人类的命运有着巨大的掌控力量。广播员先生，如果你是个出生幸运的家伙的话，你穿过黑森林的时候就会看到有一个小矮人站在你面前，他戴着一顶大檐尖帽，穿着短上衣、哈伦裤和红色长袜。这时候你就快点许愿吧，你已经看到我啦。

荷兰人米歇尔：我是荷兰人米歇尔。我穿着深色亚麻的上衣和一条黑色的皮裤，裤子上面有两条宽大的绿色背带。我的口袋里有一把黄铜折尺,我还有一双伐木工穿的靴子。这靴子大得惊人,做一双靴子足足需要十二头小牛犊的皮。

埃泽西尔:我是胖子埃泽西尔,之所以被称为胖子是因为我的腰围实在太大了。也是因为,我是这一带名副其实的富豪。每年我都会带着木材到阿姆斯特丹旅行两趟,别人只能自己走回家,我却能潇洒地坐着马车回来。

施鲁尔克:我是高个子施鲁尔克,整个黑森林里最高最瘦的男人,也是最厉害、最大胆的人。不管小酒馆里有多拥挤,我的位置也要比四个大胖子还大。

舞池之王(装模作样地说):广播员先生,请允许我自我介绍,我是舞池之王。

荷兰人米歇尔(打断他):好了,舞池之王,你不用在这儿长篇大论。我知道你的钱是哪儿来的,你以前就是个可怜的伐木工。

莉斯贝特:我是莉斯贝特,一个可怜的伐木工的女儿。但我是整个黑森林最美丽、最善良的女人,我已经和木炭工彼得订婚了。

乞丐:我最后一个介绍,因为我只是一个可怜的乞丐。在剧中也是一个虽然重要却很不起眼的角色。

广播员:够了够了,我不想听你们冗长的自我介绍,这简直要把我的脑袋绕晕了。你们到底来广播电台干什么?为什么要来打扰我的工作？

木炭工彼得：说实话，广播员先生，我们真的很想到"声音王国"去。

广播员：到"声音王国"去？木炭工彼得，我不明白你的意思？你必须解释得再清楚些。

木炭工彼得：你看啊，广播员先生。我们已经在豪夫的童话故事书里待了一百年了。这么多年来，我们只是偶尔遇到一个小朋友，而且只能和他说一次话。但如果童话故事里的人物从书里走出来，到了"声音王国"去，他们就能同时向成百上千的孩子们介绍自己，这没准会成为一种时尚呢。我们现在就是想做这个，广播员先生，有人告诉我们，您就是来帮助我们的那个人！

广播员（受宠若惊）：如果你认为"声音王国"是广播电台的话，那我确实可以帮助你们。

荷兰人米歇尔（粗鲁地说）：我们当然是这样想的！所以快让我们进去吧，广播员先生，不要在大衣上挑羽毛了[1]！

埃泽西尔（大声地说）：别这么说，米歇尔！那可是"声音王国"，人们在那里什么都看不到！

木炭工彼得：当然能看得到，只是大家看不到你罢了。想

---

1 德国谚语，形容做事前耽于细则，思虑过多而瞻前顾后。

必这也让你很不高兴吧，我早就看出来了。你再也没法拿着你的项链、围巾和手帕炫耀了，肯定难受极了。但是你想想，你拿这些换来了什么？你换来了只有站在黑森林最高的山峰上才可以看到的地方，甚至更远的地方——因为所有人都能听到你的声音，你甚至都不用提高那么一点点音量。

舞池之王：木炭工彼得，我想了想这个问题，我不同意你的说法。我熟悉黑森林里的一切——但是在"声音王国"，我总要担心我会迷路，随时可能被树根绊倒。

埃泽西尔：树根？在"声音王国"里根本没这东西！

木炭工彼得：你可别上当了，舞池之王！当然有树根。"声音王国"里也会有黑森林、村庄、城市，还有河流和云朵，就像在大地上的任何地方一样。只是你在这里看不到它们，只能听到它们。所以你在大地上也看不到"声音王国"里发生的一切，你只能听到这一切。但是一旦你进去了，你很快就会像在这里一样，熟悉起周围的路来。

广播员：你们不觉得还缺点什么吗？这里需要一个广播员啊，所以我才在这里。我们广播电台里的工作者可是对"声音王国"了如指掌。

荷兰人米歇尔（粗鲁地说）：那就快让我们进去吧，广播员先生。

广播员：不要这么着急呀，你这个粗鲁的荷兰人，这毕竟没那么容易。你们可以进入"声音王国"和成千上万的孩子们说话，但我是这个王国的守卫，我必须先把一个条件告诉你们。

莉斯贝特：一个条件吗？

广播员：是的，莉斯贝特女士，尽管只有一个条件，但对你们来说也实属不易。

玻璃人：好吧，说出你的条件吧。我早就习惯有条件了，但一般都是我给别人提条件。

广播员：那好，仔细听着，小玻璃人，还有你们其他人。所有想进入"声音王国"的人都必须变得非常谦逊。他必须脱去所有的华服和外在的装饰，这样就只剩下声音了。当然，如你所愿，你的声音将会被成千上万的孩子同时听到。

停顿。

是的，这就是条件，很遗憾，我不可能放弃它。你们可以考虑一会儿。

木炭工彼得（低声说）：你们有什么想法？莉斯贝特，你准备好把你漂亮的节日礼服丢在这儿了吗？

莉斯贝特（小声说）：当然了，彼得，我可不在乎这个！只要我们能和成千上万的孩子说上话就好了！

埃泽西尔（低声说）：嚯，这可不是那么简单的事情。（他弹着硬币）那这些亮闪闪的小金币可怎么办呢？

玻璃人（低声说）：要是能以这么好的方式摆脱这些东西，你还真应该为此感到高兴呢。（大声说）广播员先生，我们同意你的条件。

广播员：好的，小玻璃人，我们现在出发吧。

木炭工彼得：但我们还有一个请求。

广播员：什么请求呢，木炭工彼得？

木炭工彼得：是这样，您看啊，广播员先生，我们还从来没去过"声音王国"。

广播员：那是自然，所以呢？

木炭工彼得：嗯，那我们到了那儿该怎么走呢？

广播员：你说的确实很有道理，木炭工彼得。

木炭工彼得：所以我想，既然您是"声音王国"的守卫，您愿不愿意做我们的向导？和我们一起前往呢？

舞池之王：我得提醒大家一句，那我们就是一条绳上的蚂蚱了！

莉斯贝特：无须担心，你这愚蠢的舞池之王。只是，广播员先生，您愿意帮助我们吗？

广播员（受宠若惊）：当然，我知道了，我带着你们进去，但你们不要介意我的手边总是沙沙作响（沙沙作响的翻页声音）。

没有我的书稿作为地图，我也很难在"声音王国"里找对路。

停顿。

好的，如果你们没有异议的话，就请你们先到衣帽间来吧。莉斯贝特夫人，你必须把你华丽的帽子留在这儿。还有那金光闪闪的钱袋和花哨的带扣鞋也要脱下来，作为交换，这是你的声音长袍。彼得·蒙克先生，你缝着银纽扣的短上衣和红色长裤也必须放在这里。

木炭工彼得：它们已经都在这儿了。

广播员：你也是，小玻璃人。你必须把你的帽子、背心和灯笼裤都脱掉。

玻璃人：已经都脱掉了。

广播员：你呢？荷兰人米歇尔？不不，不能带尺，您那双漂亮的伐木靴也必须留在这里。

荷兰人米歇尔：如果一定要这样的话，那简直太残忍了！

广播员：舞池之王也准备好了。我看到你了，可怜的小乞丐，你本来也没有太多要留下的东西。哦，我看到了什么？胖子埃泽西尔把他装满金币的钱袋挂在脖子上！不！这可不行，我亲爱的朋友。你们的金币在我们要去的那个地方根本用不到。你只需要拥有一个清澈美妙的声音就足够了，就像你现在的声音这样，它完全没有被酒馆里的乌烟瘴气给熏坏。

埃泽西尔（大声责骂）：不，这不行，我办不到！我的金币比你们整个"声音王国"都要值钱！

荷兰人米歇尔：天啊，我也有话要说。可怜的人类小跳蚤，你必须把钱还给我，否则我会揍扁你。

广播员：冷静点，我亲爱的朋友们！荷兰人米歇尔先生，先不要发火，还有你，埃泽西尔先生。我向你们保证，在你们到达"声音之国"以后我会以其他形式把钱还给你们的。

埃泽西尔：那好吧，广播员先生，如果你能给我们保证的话，也是可以的。

广播员：让我们出发去"声音王国"吧——

咚（钟声）

音乐声：彼得。

广播员：你好啊，木炭工彼得，你好！

一些声音一起呼喊：你好啊！

木炭工彼得：广播员先生，你能看到些什么吗？谁在那里呼喊我？你好？我们到底在哪里呀？

广播员：不，木炭工彼得，在"声音王国"里什么都看不到，只能听。

音乐声：米勒。

小米勒：你能看见吗，爸爸？

米勒：我的眼前一片雾蒙蒙的，把手放到眼前却什么也看不到，我可能要在自己的磨坊里绊倒了。你说什么，夫人？

米勒夫人：我现在听到那声音越来越近了。

音乐声。

木炭工彼得：广播员先生，我听到了流水潺潺的声音，这儿好像有一条小河。我活了这么久却连这里有一条小河都不知道。

广播员：是你在说话吗，彼得？好像你本来就知道似的。但我得告诉你，先不要惊慌，我们迷路了。

木炭工彼得：我们迷路了？真不敢相信！听，那儿有声音。

广播员：陌生的声音。

声音响起：你好啊！你好！

米勒夫人：上帝啊，这么晚了你们从哪里来啊？

广播员：你好，善良的夫人，现在到底有多晚了呢？

米勒：快要晚上十点了。

木炭工彼得：晚上好，亲爱的朋友们，我们其实迷路了。

米勒：那你们一定走了很久吧。

木炭工彼得：也没有很久，但我已经能感觉到我的骨头都快散架了。

广播员：我也是，彼得，但是这可能对你没什么帮助。我必须得回去，我得去找找"声音王国"里的其他朋友们。

人们听到：晚上好，广播员先生，请照顾好自己。晚上好，再会！

米勒夫人：进来吧，彼得先生，你应该就是叫这个名字。稍微小心一点，不要沾上灰尘了，磨坊里总是尘土飞扬的。快，亲爱的，把昨天晚上剩下的土豆饼给这位先生拿来，顺便再拿些黑森林的樱桃白兰地来。

停顿。人们听到盘子摆上桌的嗒嗒声。

小米勒（小声说）：彼得先生好奇怪，妈妈？

米勒夫人：不知道，你在想什么呢？

小米勒（小声说）：很奇怪，妈妈，好像有什么事情吓到他了。

米勒夫人：傻孩子，快去睡觉吧。还有您，彼得先生，也别再熬下去啦。您知道的，磨坊随时都有可能吱吱呀呀地工作起来，这实在不是一个适合睡懒觉的地方。

木炭工彼得：说得对，米勒太太。但请您务必允许我向您表达对土豆饼的感谢。

米勒夫人：您太客气了。走吧，我带你去看看床铺。

木炭工彼得：哦，我要睡在这里啊。这么多枕头！几乎都堆到天花板了。

米勒夫人：是的，黑森林这里没有双层窗户。冬天的霜冻来临时，可不能没有厚实的床铺呀。

一个声音又响起：好好休息吧，晚安，别忘了吹灭蜡烛。

木炭工彼得（打着哈欠）：不会吧，一个人怎么能如此疲倦。就算是魔鬼来了，我也还是要躺着，背对着它继续睡觉。

短暂的停顿之后，敲门声响起。

木炭工彼得：有人敲门吗？不可能的，大家都睡觉了。

敲门声又响起。

木炭工彼得：一定有人在门口。进来吧！

小米勒：亲爱的彼得先生，求您了，请您不要出卖我。让我和您待一会儿吧，我实在太害怕了。

木炭工彼得：过来，你怎么了？为什么这么害怕？

小米勒：彼得先生，要是您能看到我今天看到的东西，您也会感到害怕的。您进来的时候可能已经注意到了，桌子上放着一本红色天鹅绒封皮的书。

木炭工彼得：哦，那本相册呀，我知道。里面会有照片，对吗？

小米勒：里面是有照片呢，彼得先生。但是其中一页上有三张照片，我就是不能把它们从我的脑海里赶出去。他们三个不停地围着我转，眼睛一直盯着我。照片下面写着他们的名字，他们是：胖胖的埃泽西尔、高高的施鲁尔克，还有舞池之王。

木炭工彼得：你说什么？胖胖的埃泽西尔，高高的施鲁尔克……这些名字我倒是听说过。还有那个舞池之王？他以前是个穷人，在一个木材商人那里做仆人，后来他突然变得非常富有。有人说他在一棵老杉树下发现了一只装满金子的罐子，也有人说他在宾根附近的莱茵河畔用长矛——就是莱茵河上的筏夫们用来捕鱼的东西——捞到了一包金币，那应该是尼伯龙根埋藏的金币。总之，他一下子暴富了起来，老少都把他当成王公贵族一样仰慕。

小米勒：但是您必须看看他们的眼睛，眼睛！

木炭工彼得：是的，你知道的，的确会有这样的事情发生。如果一个人看到过一些特别可怕的东西，有时候他这一生都会留有一种奇怪的目光。

小米勒：那您怎么想呢？他们是看到了什么特别可怕的东西吗？

木炭工彼得：算了，我不知道。那你知道在黑森林的另一边住着伐木工和筏夫吗，人们说那儿有些事情不太对劲？

小米勒：啊，我知道，您现在想说的是荷兰人米歇尔吧。我爸爸曾经给我讲过关于他的故事。他是森林里的巨人，也是最野蛮、最强壮的家伙。那些声称见过他的人都向我保证，他是绝对不会从钱包里掏出钱来买小牛犊，然后再用它们的皮做鞋子的。

木炭工彼得：是的，我刚好想到他。

小米勒：那么话说回来您对他很熟悉咯，彼得先生？

木炭工彼得：你真不害臊，小家伙，你怎么能说出这样的话来？我怎么会对荷兰人米歇尔熟悉呢？有时候听到人们谈论他，我就问自己：这难道不是嫉妒吗？那些人不也嫉妒伐木工吗，他们身穿带有纽扣、扣环和项链的短上衣，身上披着百镑重的银子，高高在上地四处招摇。每当看到他们，任何人都嫉妒得要命。

小米勒：那您也会嫉妒他们吗，彼得先生？

木炭工彼得：嫉妒？哦不，我不需要那些，就算所有人都嫉妒他们，我也不会。

小米勒：彼得先生，您是不是和他们一样富有呢？或者比他们更富有？

木炭工彼得：你应该看出来的，孩子，我就是个穷鬼。我身上没有一点银子，家里也没有。但我有比那更珍贵的东西，可惜我不能告诉你。

小米勒：现在倒是您在引起我的好奇心了。在您告诉我之前，我是不会离开您的房间的。

木炭工彼得：那你也会保守秘密吗？

小米勒：当然了，彼得先生，我向您保证，没人能从我这里知道我们的秘密。

木炭工彼得：现在我要问问你了，你听说过玻璃人吗？对，玻璃人，他戴着一顶大檐尖帽，穿着紧身上衣、白裤子和红袜子，他从来都不以其他形象露面。他是生活在黑森林这边的玻璃工和木炭工的朋友，也是几乎所有穷人的朋友。

小米勒：玻璃人？彼得先生，我从来没有听说过他。

木炭工彼得：那你总听说过周日出生的幸运儿吧？

小米勒：哦，当然了，是那些在周日正午出生的孩子吧。

木炭工彼得：我就是。你知道吗？但这只是我一半的秘密，另一半是我的诗歌咒语。

小米勒：现在我一个字都听不懂了，彼得先生。

木炭工彼得：你知道吗，玻璃人只在周日出生的幸运儿面前出现。但他们必须站在松树林下面，那里的树是那么的茂密、那么的高大，人们在树下即使是白天也像在黑夜一样，在那里你听不到斧头和鸟鸣的声音。他们还得知道正确的诗歌咒语。我的妈妈把它告诉我了。

小米勒：那您可太幸运了呀，彼得先生。

木炭工彼得：哎，我要是能记住那首咒语诗歌，我才真的值得被羡慕呢。当我站在松树前准备说出诗歌咒语时，我才发现我已经忘记了最后一节。而那个小玻璃人迅速地现身了一会儿，又迅速地消失了。"玻璃人先生，"我犹豫了一会儿又喊道，"您好心一点，别再戏弄我了。玻璃人先生，您要是以为我没看到您，那您就大错特错了。我看到您在树后面探出脑袋来往外瞧了！"但是他没有回答，我只是时不时地听到树后传来一阵轻轻的、有些沙哑的咯咯笑声。最后，我想我可以一跃而起将这个小家伙抓住。当我跳到树后面才发现，这里根本就没有玻璃人，只有一只娇小的松鼠在树上蹦蹦跳跳。

小米勒：原来您是从玻璃人那里来的呀，彼得先生。

木炭工彼得：是这样的。

小米勒：那您现在必须把您的诗歌咒语告诉我，您记得多少就告诉我多少！

木炭工彼得：不了，小子，现在已经很晚了，我们该睡觉了。那三个可怕的男人你睡一觉就会忘记，明天早上醒来的时候，我们都会感到轻松愉快。

小米勒：好吧，只能先和您说晚安了，彼得先生。但您不把诗歌咒语告诉我，我是不会感到轻松愉快的。

二人互道晚安。

木炭工彼得：现在我孤身一人，我想睡觉了。除了玻璃人，我不想给任何人背诵诗歌咒语，哦，要是我记得住就好了。

这时，一小段音乐响起，木炭工彼得伴着音乐，用含混的声音哼唱。

森林里的宝藏守护人

冷酷的心

你已经有好几百岁了

全部都属于你啊，那生长着松树的土地

木炭工彼得（迷迷糊糊的声音）：那生长着松树的土地，那生长着松树的土地——我要是能想起后面是什么就好了。

音乐停止。短暂的停顿之后，人们听到了六下击打声。

广播员：现在我又回到了黑森林的磨坊里，到了木炭工彼得的身边。现在已经六点了，我打赌木炭工彼得肯定沉沉地睡了一整晚，想要叫醒他可没那么容易。

木炭工彼得重重的打鼾声响起。一阵音乐声逐渐响起，一两句歌词被唱了出来。

木炭工彼得（迷迷糊糊的声音）：嚯，他们甚至拿八音盒来当作闹钟。我真想每天早上都听着心爱的音乐醒来，就像王子那样。不，音乐声是从外面传来的。嘿，是手工匠们来了。没错，他们起得很早。

歌声：

我站在山上

望着谷底

那是我看到她的地方

最后一次

木炭工彼得：你好，伙计们，再来一遍，再来一遍吧，再唱一遍这首歌！

音乐声渐渐远了，歌声也变得模糊。

啊，他们是我的兄弟，他们并不关心我，他们已经走远了，离开了这座山。（他安静下来，沉思着什么。）但他们唱的是什么？（他轻轻地哼唱出相同的旋律。）那是我看到她的地方，那是我看到她的地方——嗯，"看到"！这就是后半段咒语！现在，小玻璃人，让我们再来谈一谈吧！

他朝自己吹了个口哨。

广播员：木炭工彼得先生，你这么急急忙忙地是要去哪儿啊？我刚刚还在拼命地想，要怎么才能把你从床铺上喊起来上路回家，现在你却好像赶着打仗的士兵一样。

木炭工彼得（着急地说）：让我去吧，让我去吧！广播员先生，我想起我的诗歌咒语来了。

广播员：咒语？什么咒语啊？

木炭工彼得：哎，我有一些特别的事情，现在还不能告诉你。你很快就会亲眼看到，再见，广播员先生！

广播员：看看这个怪人。（他从后面喊道。）小心不要惊扰了可怕的荷兰人米歇尔！再见，彼得！

停顿。彼得用口哨吹起了小曲。停顿。他清了很久的嗓子。

木炭工彼得：这就是最大的松树了。现在，打起精神来。

彼得开始念咒语：

森林里的宝藏守护人
你已经有好几百岁了
全部都属于你啊，那生长着松树的土地
只有周日出生的幸运儿，才能看到你

玻璃人：虽然不是很准确，但因为你是木炭工彼得，我还是现身吧。你遇到那个无赖荷兰人米歇尔了没有？

木炭工彼得：宝藏守护人，森林精灵先生，我真的非常担心。我是来向您请教的。我的情况非常糟糕。一个木炭工根本做不成什么事，我还年轻，我想我可以成为更好的人。我经常看到别人一夜暴富——就拿埃泽西尔和舞池之王来说，他们的钱多得像干草垛。

玻璃人：不要和我说这些，彼得！他们看上去好像快乐了几年，之后却变得非常不快乐了，他们究竟得到了什么？你不应该轻视你的手艺。你的父亲和祖父都是正派的人，他们一直追求正派的生活，彼得·蒙克！我不希望你来找我，是因为你想变成一个游手好闲的懒人。

木炭工彼得：不，不是游手好闲。我当然知道懒惰是一切坏事的源头，松树林的宝藏守护人先生。您也别见怪，我只是想要比现在更好的工作。木炭工是这个世界上最卑贱的工作了，玻璃工、筏夫、钟表匠都比我体面得多！

玻璃人：自轻自贱使人遭殃！你们人类真是个奇怪的物种！很少有人会对自己与生俱来的身份感到满意。当你是个玻璃工的时候，你就觉得伐木工更好。当你是个伐木工的时候，你又羡慕起了林务官的差事又或者是治安官的房子。不过！如果你肯保证好好工作的话，我会帮你拥有更好的东西，彼得。我习惯给予每个知道如何找到我的周日幸运儿三个愿望。注意啦，实现每一个愿望的时候，我都会用我的玻璃哨子敲松树。实现前两个愿望是无条件的，但如果第三个愿望实在太蠢的话，我是可以拒绝的。现在你可以许愿了，但是彼得，要许一些好的和有用的东西啊！

木炭工彼得：好啊！你真是个了不起的小玻璃人！你是当之无愧的宝藏守护人！谁要是能拥有你就好像家里拥有了宝库一样。现在，请允许我随着自己的内心许愿。我的第一个愿望是：我希望能比舞池之王跳舞还要好，我上酒馆时带的钱是他的两倍多。

哨子敲松树。

玻璃人：你这个大傻瓜！能跳好舞，又有许多钱去赌博，这是多么可悲的愿望啊！你不觉得羞愧吗？笨蛋彼得！像这样欺骗自己，让自己失去幸福？跳好舞对你和你可怜的妈妈来说有什么用处呢？按照你的心愿把钱都花在酒馆上，那又有什么用呢？像那个可悲的舞池之王一样，整天待在酒馆里吗？然后你又会一无所有，像以前一样挨饿。我允许你再许一个愿望，你要小心啦，这次请你理智一点！

木炭工彼得（犹豫了一会儿）：好吧，嗯，我想拥有整个黑森林里最漂亮、最豪华的玻璃工厂，并且拥有足够的设备和资金来经营它。

玻璃人：没有其他的了吗，彼得？就这样吗？

彼得：好吧，可以再加上一匹马和一辆马车。

玻璃人：哦，你这个愚蠢的彼得！（哨声响起）一匹马？一辆马车？理智些吧！我告诉你，你倒是应该许愿让你拥有足够的理性、常识和判断力，而不是一匹马和一辆马车！好了，别这么伤心啦，让我们看看，这些东西对你也不是完全没有用处。你的第二次许愿倒也不算太蠢。一个好的玻璃厂能养活它的工人和厂主。你只需要带着理智和判断力去经营它，马和马车自然会来。

木炭工彼得：但是，宝藏守护人先生，我还剩下一个愿望。如果您觉得理性对我来说是必要的话，那我就向您许愿拥有它吧。

玻璃人：现在还不是时候。你将来也许会陷入窘境，如果你还剩一个愿望的话更要珍惜，到时候你就会感谢自己此刻没有浪费这个宝贵机会了。现在就回家吧！这里有两千古尔登，足够你花了，别再回来找我要钱了，不然我就把你挂在最高的那棵松树上。从我住在森林里起，我一直都是这么做的！三天前，老温克弗里茨去世了，他曾经拥有整个翁特瓦尔登州最大的玻璃工厂。你明天一早就去那里竞标，把它的经营权买下来，这是你该做的事。管好你自己，勤奋点，我会时不时地去看看你，给你提些建议，毕竟你还没有许愿获得理智。但是我要严肃地告诉你，你的第一个愿望糟糕极了。你要小心那个酒馆，彼得！一直以来，它对任何人都没有任何好处。

木炭工彼得：他走了。哎，好多烟啊，宝藏守护人，森林精灵先生。烟太浓了，我再也看不到他了。（闻一闻）真是好香的烟。

"咚"的声响。

广播员：好的，我们现在说到哪里了？孩子们，你们刚刚听到了木炭工彼得和宝藏守护人的对话。你们听到了彼得怎么把他愚蠢的愿望说出口，也听到了小玻璃人是如何在一股纯正的荷兰烟草的浓雾中消失。现在我们要继续讲故事了。（翻页的声音）下面的内容在哪里呢？呃，呃（剧烈的翻书声）……

玻璃人（小声说）：怎么回事？您为什么不继续呢？

广播员（小声说）：好吧，我也不知道我该做什么。想象一下，宝藏守护人先生，我的这几页书稿一定是被树林里的大风给吹走了。我们现在可麻烦了，我完全不知道我们该怎么继续。

舞池之王（小声说）：完蛋了，完蛋了！我们到底该怎么办？

荷兰人米歇尔（小声说）：你当然想不出来，愚蠢的舞池之王！这里需要一个强者来解决问题！让我来想想办法！

舞池之王（小声说）：随您高兴，荷兰人米歇尔先生，随您高兴。

荷兰人米歇尔（小声说）：闭嘴，舞池之王，快去唱《守卫莱茵河》吧。至于你，木炭工彼得，你现在从玻璃人那里得到了很多钱，还有一座玻璃工厂。

木炭工彼得：是的，是的，荷兰人米歇尔先生，我曾经的确有过一个又大又漂亮的工厂。

舞池之王：当然了，你曾经拥有它。哎呀，木炭工彼得先生，但是你后来在酒馆里和胖子埃泽西尔打赌把它输掉了。对吧，埃泽西尔？难道不是吗？

埃泽西尔：啊，是的，舞池之王，别跟我提那些。我这一生都不想再回忆那个晚上。

广播员：没错，木炭工彼得先生。我也记得这个，你的玻璃厂已经让你赌输掉了。但你一定在怪自己，怎么没对玻璃人许愿像胖子埃泽西尔那样富有呢？真是太愚蠢了！就算这样，你也会在某个晚上身无分文，不得不在第二天早上卖掉玻璃工厂。这事早晚都会发生。等一下，"卖掉""卖掉"，这在第十六页！感谢上帝！我找到后面的故事了。走吧，伙计们，我们继续。当法警和估价师在玻璃厂里转来转去，检查和评估要出售的所有物品时，我们的木炭工彼得先生正心想："这儿离松树林不远，如果那个小的（指小玻璃人）不肯帮我，我就试试去找那个大的（指米歇尔）。"他飞快地跑向森林，就好像法警在身后追着他一样。当他跑过第一次和小玻璃人说话的地方时，仿佛有一只无形的手在拖着他；但他还是挣脱了，凭着记忆跑向森林的边界。好吧，彼得，现在你只能靠你自己救自己了。关于接下来要发生在你身上的事儿，我可一点儿都不羡慕。

木炭工彼得（跑得上气不接下气）：荷兰人米歇尔，荷兰人米歇尔先生！

荷兰人米歇尔（大笑）：你来了吗，木炭工彼得。他们是要剥了你的皮然后抵给你的债主们吗？好吧，冷静些，要我说，你所有的痛苦都来自那个小玻璃人，来自那些分裂主义者和他们狂热的信徒。当人们要给予的时候，就该慷慨地给予，而不是像那个吝啬鬼一样。来吧，跟我到家里去，到我家里我们再来谈谈，看看你我之间能不能谈妥一笔交易。

木炭工彼得：交易？荷兰人米歇尔，我有什么能和你做交易的呢？我应该为你服务，还是你想要什么？哦，我怎么能到这么深的峡谷里去呢？

荷兰人米歇尔（好像用了扩音器）：坐到我的手上来，抓住我的手指。这样你才不会掉下去。

节奏各异的音乐，听起来像滴答的时钟，开始时声音很微弱，后来越来越强烈。

我们到了。在炉子边的长凳上坐下吧，我们一起来好好喝一杯。来，干杯！你这个可怜的小家伙，难道你从来就没有离开过倒霉的黑森林吗？

木炭工彼得：当然没有了，荷兰人米歇尔，我离开这里干什么呢？

荷兰人米歇尔：是啊，我们本来就不是一类人。每年我都要乘着木筏沿着美丽的莱茵河漂流到荷兰去，空闲的时间里我也到其他国家转转。

木炭工彼得：天啊，这样的机会谁不羡慕呢，哪怕一次！

荷兰人米歇尔：事情能不能做成只取决于你自己。到目前为止，阻止一切的只有你的心。

木炭工彼得：我的心？

荷兰人米歇尔：即使你全身都充满勇气和力量去做一件事，只要你那颗愚蠢的心脏稍微跳动几下，就能让你害怕地浑身颤抖。至于名誉受损啦，碰上坏运气啦，一个聪明人怎么会去在意这些东西？前几天有人说你是骗子，说你是坏人的时候，你的脑袋里会有感觉吗？当地方法警把你赶出屋子的时候，你的胃会痛吗？告诉我，让你痛苦的究竟是什么？

木炭工彼得：我的心。

荷兰人米歇尔：你把成百上千的古尔登给了那些可恶的乞丐和一些流氓无赖，这我也不见怪，可你究竟得到了什么好处呢？他们虽然为你祝福，祝你身体健康，瞧瞧，你因此变得更健壮了吗？少浪费一半的钱你就能雇得起私人医生了。祝福，多么动人的祝福啊，尤其当你因为债务被扣押被驱逐的时候。只要那些乞丐向你伸出他们的破帽子，你立马就把手伸向口袋，是什么在驱使你？你的心，又是你的心啊！不是你的眼睛、舌头、胳膊、大腿，就是你的心。你就是像人们说得那样，把太多东西放在心上了，你的心实在太容易动情了。

木炭工彼得：要怎么做才能不让我的心这样呢？我已经尽了我最大的努力去克制它了，但我的心就是怦怦地跳个不停，让我万分痛苦。

荷兰人米歇尔（讽刺地大笑）：你这个可怜的家伙当然不知道怎么做了。把那个怦怦直跳的玩意儿给我，然后你就会知道你能过得多么舒服。

木炭工彼得（受到惊吓）：把它给你？我的心？我会立马死掉！这绝对不行！

荷兰人米歇尔：是的，如果你找一位外科医生把你的心脏从身体里取出来的话，你的确会死掉。但在我这里，就是另外一回事儿啦。你来房间里亲自看看吧！

音乐：跳动的心。

木炭工彼得：天啊！这是什么？

荷兰人米歇尔：是的，你可要好好地看看，这些放在灵魂玻璃瓶里的小玩意儿！这可都是花了我一大笔钱买来的！你走近看看，标签上都写着名字呢。

每一个名字都伴着一段配乐。

那是我们地方法警先生的心，这是胖子埃泽西尔的心。那边那颗心脏是舞池之王的，另一颗是林务长的。从放高利贷的财主到招工的老板，我这里都有完整的收藏。看啊，这些人从此把恐惧和忧愁都从生活里赶走了，这些心脏再也不会焦躁不安、惹人烦恼地跳动了。他们的旧主人都过得舒服极了，因为他们把身上那些不安分的客人都赶了出去。

木炭工彼得（害怕地说）：那现在他们的胸腔里装的是什么呢？

荷兰人米歇尔：一颗制作精良的石头心，就像这个。

木炭工彼得（颤抖地说）：这个？一颗大理石做的心？但是，听着，荷兰人米歇尔先生，这种心在胸腔里一定冰冷极了。

荷兰人米歇尔：当然了，但这是一种令人愉悦的凉爽。为什么一颗心一定得是温暖的呢？冬天你又不能用它取暖，一杯上好的樱桃白兰地可比一颗温暖的心有用多了；而到了夏天，到处都很闷热，你简直不能相信，拥有这样一颗石头心有多么凉快。就像我之前说的那样，那些忧愁与恐惧，那些愚蠢的同情，还有其他的烦恼与痛苦，都不会让这颗心跳动不安了。

木炭工彼得（难过地说）：你能给我的就是这些？我想要得到钱，你却想要给我一颗石头心。

荷兰人米歇尔：是的，我想给你十万古尔登来换你的心，对你来说足够了吧。如果你能用得聪明些，你很快就会成为百万富翁。

木炭工彼得（高兴地说）：好啊！哦，别在我的胸腔里那么猛烈地跳动了，我们马上就要说再见了。好了米歇尔，把那些石头和钱都给我，你可以把这个不安分的小东西从我的胸腔里拿走了。

荷兰人米歇尔（高兴地说）：我就知道，你是个聪明的小伙子。来吧，让我们再喝一杯，然后我们就心钱两清。

心脏的音乐渐渐变成了号角的曲调。

木炭工彼得（醒来伸懒腰）：啊，我睡得可真够久的。是一阵号角声把我吵醒了吗？我已经醒了吗？还是在做梦？我好像要去什么地方，面前还有一个马车夫，还有一匹马。哦，我现在就是坐在马车里。我看到我身后的山脉，那是黑森林啊。我的衣服好像也不一样了。为什么我一点都不难过，我明明是第一次离开我住了那么久的黑森林。我的妈妈在做什么呢？她大概是无助又痛苦地坐在那里吧，太奇怪了，这个念头现在不能让我的眼睛流出一滴眼泪。我对一切都是如此的冷漠。怎么会这样啊？啊，当然了，眼泪和叹息、乡愁和伤感都发自我的心，多亏了荷兰人米歇尔，如今我的心是冰冷的，它是石头做的。他信守承诺，把十万古尔登还有这颗石头心给了我，我应该高兴。是啊，这里还有一个袋子，里面装着成千上万张来自各大城市贸易行的硬币和钞票。

号角吹响。

嘈杂的声音：美因河畔的法兰克福！法兰克福香肠！歌德之家！法兰克福广播电台！苹果酒！《法兰克福报》！杏仁饼干！法兰克福到处都是好东西！

木炭工彼得：这里有什么吃的喝的？给我打包几十根香肠、几罐苹果酒和几磅杏仁饼干。

号角的旋律。

嘈杂的声音：巴黎！早上！巴黎正午！巴黎之夜！花生，花生，花生！卢浮宫！埃菲尔铁塔！冰棍！礼品袋！无限惊喜！

木炭工彼得（瞌睡的声音）：我们在哪里？啊，在巴黎！好吧，那就给我打包点香槟、龙虾和牡蛎，这样我就不会饿死或渴死了！

路人：车夫先生，这个打瞌睡的男人是谁啊？

车夫先生：啊，这是来自黑森林的木炭工彼得先生啊。他在法兰克福大吃大喝，现在都快动不了了。

号角吹响。

嘈杂的声音：伦敦！大不列颠统治大海！姜汁汽水！苏格兰威士忌！太妃糖！松饼！《晨报》！《每日新闻》！《泰晤士报》！火鸡和梅子蛋糕！

木炭工彼得打着鼾。

路人：这个打鼾的男人是谁啊，车夫先生？

车夫先生：这是来自黑森林的木炭工彼得，他在巴黎大吃大喝，现在眼睛都快睁不开了。

号角的旋律。

嘈杂的声音：君士坦丁堡！参观博斯普鲁斯海峡和金角湾！地毯！你想要水烟吗？君士坦丁堡的首席风笛手！拉查特洛库姆！到圣索菲亚大教堂的尖塔上看看加里波利吟咏的苦行僧！

木炭工彼得打着鼾。

路人：这个打鼾的男人是谁啊，车夫先生？
车夫先生：这是来自黑森林的木炭工彼得，他在前面几站吃吃喝喝了太多东西，眼睛几乎睁不开了。

号角的旋律。

嘈杂的声音：罗马！《罗马之星》！《晚间邮报》！《罗马论坛》！《竞技场》！《青年》！白葡萄酒和红葡萄酒！意大利细面条！玉米粥！烩饭！海鲜！古董！教皇和公爵！

木炭工彼得打着鼾。

路人：这个打鼾的男人是谁啊，车夫先生？

车夫先生：这是来自黑森林的木炭工彼得，他在前面几站吃吃喝喝了太多东西，眼睛几乎再也睁不开了。

号角的旋律。

车夫先生：嗯，好，黑森林到了！所有人都下车！

咚。

广播员：现在，木炭工彼得回到了黑森林的家中。你听到号角不断地吹响，马车夫不断地喊着地名，但是前几次报地名的时候他都知道是哪里，最后一个名字却很陌生。这并不意外，我们谁也不知道木炭工彼得的家在哪里。这本书上也没有写，就是你，木炭工彼得！你，胖子埃泽西尔！你，高高的施鲁尔克！还有你，荷兰人米歇尔！还有小玻璃人！就是你们来的那本书。我们也不用好奇。是的，木炭工彼得重新回到了他黑森林的家中。他注意到了很多东西，但不是用他的心，而是用他的脑袋。他意识到他回到家里了，但他却对此毫无感觉。他该做些什么呢？他的木炭窑已经不再烧火，他的玻璃厂已经被他卖掉了，他有太多太多的钱，工作对他来说显得十分愚蠢。为了打发时间，他打算找位夫人。他一直是个帅小伙，从外表上根本看不出来他有颗石头心。之前他还有颗好心脏的时候，人人都喜欢他。人们现在也记得这一点，莉斯贝特尤其记得这一点。她是一个可怜的伐木工的女儿。她安静地独自生活着，娴熟又勤快地打理着父亲的房子，舞厅里从来都看不到她的身影，她也从未去过圣灵降临节和假日集市。彼得听说了黑森林里这个奇迹般的存在，就立即决定向她求婚并骑马前往了人们指给他的那座小木屋。美丽的莉斯贝特的父亲惊讶地接待了这位高贵的绅士。当他听到富有的绅士彼得想要成为他的女婿时，他变得更加惊讶。他毫不犹豫地答应了这门亲事，因为他认为这样就能马上摆脱贫穷和愁苦的日子。而莉斯贝特这个善良的孩子，她是如此乖巧和听话，顺从地成了彼得夫人。莉斯贝特没有钱，但她给彼得的屋子带来了一份美妙的礼物：布谷钟。这是从她祖辈那里流传下来的东西。这口钟有些不寻常的地方，相传这是宝藏守护人曾经赠予心爱之人的礼物。这可不是信口胡说，这口钟平时像所有寻常的黑森林布谷钟一样，每个小时敲响一次。但是到了中午的时候，只有悬挂着它的那间屋子里没有坏人时，它才会敲十二下；房间里如果有个坏人的话，它就一定会敲十三下。我们现在就在挂着那口钟的房间里，木炭工彼得和妻子莉斯贝特正坐在桌旁边。

这口布谷钟敲了十一下。

莉斯贝特：已经十一点了？那我得快点，把胡萝卜放在炉上烤着。

木炭工彼得：见鬼，又是胡萝卜。啊，恶心。

莉斯贝特：这是你最喜欢吃的呀，彼得。

木炭工彼得：最喜欢吃的？最喜欢吃的？吃什么都不能让我快乐！是啊，你最好现在就给我来一大杯白兰地酒……

莉斯贝特：你忘了牧师先生上周日谈到喝酒时说了些什么吗？

木炭工彼得（跺着脚）：会怎么样？你到底给不给我酒？！（威胁的声音）或者你……

莉斯贝特（人们能听到她小声地抽泣）：随你吧，但结果一定不会好。

木炭工彼得：有个好的开头也行啊。反正对我来说，生活已经够糟糕了。当有人在你耳边喋喋不休地说着星期日、好天气或者春天什么的，总是让人厌烦！我觉得那些人愚蠢极了。

莉斯贝特：你会感到痛苦吗？

木炭工彼得：不会啊，我没有痛苦和快乐的感觉，就是这样。前几天我甚至削断了我的手指头，也没有任何感觉。你知道我刚刚怎么砍你的旧箱子吗？就是你祖母作为受洗礼物送给你的那个。

敲门声。

木炭工彼得：别出声，别应声。

敲门声再次响起。

木炭工彼得：在我说"请进"之前，谅你也没有胆子自己闯进来，反正我是不会主动说"请进"的。

莉斯贝特：为什么？你根本就不知道门口是谁。

木炭工彼得：肯定不是送钱来的马车夫。就是个可恶的乞丐，仅此而已。

敲门声。

莉斯贝特：请进！

木炭工彼得：看到了吧，你这个臭婆娘，就是个乞丐！

乞丐：请施舍我一点东西吧。

木炭工彼得：你应该去求求魔鬼，这样他就可以直接把你留在他那里了。

乞丐：唉，发发慈悲吧，夫人，我只要一点点水喝就够了。

木炭工彼得：比起给你一杯水，我倒是更愿意把一整瓶白兰地酒都浇在你头上。

莉斯贝特：让我去吧，我给他一杯酒和一条面包，再给他一枚硬币带在身上。

木炭工彼得：这就是你看待事物的方式。你总是这样，你个蠢婆娘！你为什么不能听听你丈夫的话？你根本就没想过最后会怎么样！是我冷漠残忍或者铁石心肠吗？不！是你根本就不明白我的考量，你根本就不知道，一旦让这些人进了家门一次，后面会发生什么？他们是乞丐啊，一个总会告诉另一个，然后他们都来用他们尖尖的牙齿啃你的大门。他们就是这么无赖。他们总是寻找一切机会，然后叫上同伙一起，把能拿走的都拿走。一旦你招待了两三个这样的人，一年后你就等着在光秃秃的四面墙中睡觉吧。

乞丐：唉，像您这样富有的人根本不明白贫穷是多么痛苦的事，你们根本不知道，在如此酷热的天气里能喝上一杯清凉的白水有多么幸福。

木炭工彼得：你的废话让时间都变慢了。

布谷钟开始报时。

莉斯贝特：天啊，我忘记了我的胡萝卜！好乞丐，带上我身上的这些钱，赶快走吧。

钟声敲得又响又慢，第一声和第二声之间可以听到女人的话语。

木炭工彼得（无声地数着钟声，仿佛在沉思）：一、二、三、四、五、六、七、八、九、十、十一、十二。

彻底的寂静，接着时钟敲响了第十三下，人们听到什么东西倒地的闷响声。

莉斯贝特：天啊，彼得失去意识了。彼得，彼得，你怎么了？快醒醒啊！

呻吟、叹息和哭泣的声音。
咚。

广播员：彼得不仅仅失去了意识，他的整个生活都迷失在了傲慢和邪恶当中。现在，钟声已经敲响了十三下，彼得渐渐恢复了意识，他反思了自己并决定向宝藏守护人许下第三

冷酷的心

个愿望，要回他原本的心脏。让我们来看看，接下来会发生
什么吧。

咚。

木炭工彼得：

> 森林里的宝藏守护人
>
> 你已经有好几百岁了
>
> 全部都属于你啊，那生长着松树的土地
>
> 只有周日出生的幸运儿，才能看到你

玻璃人（低沉的声音）：你想要从我这里得到什么呢，彼
得·蒙克？

木炭工彼得：我还剩下一个愿望，宝藏守护人先生。

玻璃人：一颗石头心也能许愿吗？你已经拥有了能够满足
你那坏心思的所有东西了，我很难再帮你实现愿望。

木炭工彼得：你答应了给我三个愿望，我还剩一个愿
望呢。

玻璃人：如果它太愚蠢的话，我可以拒绝你。不过让我先
听听，你想要什么吧。

木炭工彼得：把这颗该死的石头心拿出去，把我原来那颗
鲜活的心还给我。

玻璃人：这是你我之间的交易吗？我是荷兰人米歇尔吗？是我把那些财富和那颗冷酷的心送给你的吗？你应该找他去要回你的心。

　　木炭工彼得：哦不，他永远不会还给我的。

　　玻璃人（沉默了一会儿）：我真为你感到遗憾，真是糟糕透了。但是鉴于你的最后一个愿望并不愚蠢，我至少不能拒绝帮助你。你会背诗吗？

　　木炭工彼得：我想我可以。即便我曾经忘记过你的那首诗，宝藏守护人先生。

　　玻璃人：那你跟我一起念。如果你念错词的话，一切就都完了。"你不是来自荷兰……"

　　木炭工彼得："你不是来自荷兰……"

　　玻璃人："荷兰人米歇尔先生，你来自地狱深渊。"

　　木炭工彼得："荷兰人米歇尔先生，你来自地狱深渊。"哦，我明白了，宝藏守护人先生，这首精巧的小诗是个咒语。当荷兰人米歇尔听到它的时候，他就不能对我怎么样。

　　玻璃人：是这样的，还有呢？

　　木炭工彼得：还有？没有了啊。我去找他，当着他的面念出：

　　你不是来自荷兰，荷兰人米歇尔先生，你来自地狱深渊。

　　然后他就不能对我做什么了。

玻璃人：你说得差不多。他当然不能对你做什么。甚至你一说出咒语来，他就会消失，鬼知道他会去哪里。但是你面对这么多心脏，你根本没办法把自己那颗取出来。

木炭工彼得：天哪，那我该怎么办呢？

玻璃人：我不能告诉你。到目前为止，你对自己的生活没有足够的反思。现在是时候开始了。我该去照顾松树上那些啄木鸟了，它们可不像周日幸运儿那样总给我带来烦恼。

咚。

广播员：好了，我必须告诉你们：等一下，如果必须要等一下的话，我宁愿在人类的世界而不是在"声音王国"。这里到处都是浓雾，什么都看不到，只能竖起耳朵听，我的耳朵已经竖起好几小时了。在宝藏守护人居住的黑森林里，没有树叶的沙沙声、没有啄木鸟的嗒嗒声，也没有鸟巢里的喳喳声。但我无所谓，故事里全是这些东西的话，我会无聊到窒息。哎，我听到了断断续续的声音，或者是耳语声？这是宝藏守护人先生的声音吗，还是木炭工彼得的声音？

木炭工彼得（低沉而忧伤）：木炭工彼得。

广播员：这听起来并不有趣。

木炭工彼得（低沉而忧伤）：是回声在森林里应答吗？

木炭工彼得（低沉而忧伤）：哦！

广播员：你真不是森林里的好伙伴。远方传来了什么声音？好像是荷兰人米歇尔幽灵般的玻璃音乐。说句话啊！你为什么一直不说话呢？

木炭工彼得（低沉而忧伤）：嗯……

广播员：这对我来说有点太过神秘了，木炭工彼得先生，我无意冒犯你，但现在我要到其他地方去了。

木炭工彼得（低沉而忧伤）：再见。（他敲了敲门然后喊了出来）荷兰人米歇尔！

敲门声重复三次。

荷兰人米歇尔：好啊，你来了。莉斯贝特那个嘟嘟噜噜的女人，竟然把所有的钱都扔给乞丐，谁也受不了和她待在一起。你知道吗，我要是你，我就再去世界旅行，在外面游荡个几年。谁知道呢，等你回来的时候，莉斯贝特可能早就死了。

木炭工彼得：你猜对了，荷兰人米歇尔，这次我要去美国。但这个地方太远了，我需要更多的钱。

荷兰人米歇尔：你应该去，小彼得，你应该去。（人们听到金币的叮当声和数钱的声音）100，200，500，800，1 000，1 200。没有马克，小彼得，都是塔勒。

木炭工彼得：米歇尔，你确实是个厉害的万事通，但你也是个彻头彻尾的骗子。你说你把我的心脏拿走了，在我胸腔里塞了块石头，你根本就是在骗我。

荷兰人米歇尔：难道不是这样吗？难道你还能感觉到你的心吗？它现在不是像冰块一样冷吗？你有恐惧或者悲伤的感觉吗？你有后悔的感觉吗？

木炭工彼得：你只是让我的心脏停止跳动了，它还在我的胸腔里。埃泽西尔都告诉我了，你骗了我们。你根本就不能在不知不觉的情况下，没有任何风险地把心脏从人的胸腔里扯出来，除非你会魔法。

荷兰人米歇尔：我可以向你保证，你、埃泽西尔，还有所有和我做过交易的富人，都有一颗和你一样冷酷的心，你们真正的心就在我的房间里。

木炭工彼得：哎，你这张嘴可真能说谎，谎言简直就像从你舌头上滚下来一样。你还是说给别人听去吧。你难道不觉得我出去旅行的这一趟，得见了多少你这样的小把戏？你房间里那些心都是用蜡做的，你确实是个有钱人，但你并不会魔法。

荷兰人米歇尔：你进来自己看看这些标签。那边，你看看，那就是你彼得·蒙克的心。你看到它在跳动吗，用蜡做的假心能跳动吗？

木炭工彼得：这就是用蜡做成的，真正的心脏根本不是这样跳的。我的心脏就在我的胸腔里。不，你根本就不会魔法。

荷兰人米歇尔：不信我证明给你看！我要叫你自己亲自去感受——这真的是你原来的心。我现在就把你的心放回去。你现在感觉怎么样？

木炭工彼得：哦，你的确是对的。我简直不敢相信，竟然真的有人有这样大的本事！

荷兰人米歇尔：那还能有假吗？你也看到了，我就是会魔法。现在我要把你的石头心重新装回去了。

木炭工彼得：且慢，米歇尔先生！真是舍不得肥肉抓不住耗子，这次你可上当啦！好好听着我要对你说的话。

他先是结结巴巴，然后越来越勇敢，坚定并快速地喊出咒语：

你不是来自荷兰，荷兰人米歇尔，你来自地狱深渊！

心脏大声地跳动着，荷兰人米歇尔抽搐的声音，以及打雷声。

木炭工彼得：看看他是怎么挣扎的，邪恶的荷兰人米歇尔。但这雷声是多么可怕。我害怕。快点回家去吧，回到我的莉斯贝特身边去。

咚。

广播员：算了，你要是想在"声音王国"里找到些什么，纯粹是盲人的游戏。现在我听得很清楚，那一定是木炭工彼得的玻璃厂。他的妻子就在不远的地方，如果那不是莉斯贝特的声音还能是谁的呢？

莉斯贝特（唱歌）：

玻璃沉闷地轻声作响，

为什么我如此孤单？

为什么我亲爱的彼得悄悄地离开

像个逃兵？

我知道我在做什么：

精致的尿布、小鞋

织给彼得的儿子，

时间一点点地流逝。

玻璃沉闷地轻声作响，

先织衣服，再织袜子；

当孩子来到这世界时，

一切又都恢复秩序。

广播员：哎呀，看来彼得要有一个儿子了。他离开家在外面游荡这么久，现在看来真是大错特错。但这对我来说是个好机会，我早就想和莉斯贝特夫人说话了，在"声音王国"我总不能只和彼得说话吧。可是，我该怎么让她注意到我呢？我不能直接喊她，我响亮的声音一定会吓到她的。她现在耳朵里只有她自己的声音，那么的可爱动听。

短暂的停顿。

我知道我该做什么了。我可以敲敲玻璃。

一小段玻璃的音乐。

木炭工彼得：我来了！
莉斯贝特和广播员：谁在那儿？
木炭工彼得：我把我的心拿回来了！
莉斯贝特：我的心一直都属于你。
广播员：现在我该走了，但是走之前你们得向我保证：小小木炭工彼得出生以后，你们得找森林精灵做他的教父。

短暂的停顿。大声朗读月份的名字。

广播员：几个月过去了，在"声音王国"这片土地上，很快，一年又过去了。木炭工彼得站在松树下，唱着他的咒语诗歌。

咚。

木炭工彼得:

    森林里的宝藏守护人

    你已经有好几百岁了

    全部都属于你啊，那生长着松树的土地

    只有周日出生的幸运儿，才能看到你

宝藏守护人先生，你听到了吗。我不想要其他东西，我只是希望你能成为我的儿子的教父!

一阵风吹过。

既然你不愿意现身的话，那我就把这些松果带走留作纪念吧。

广播员: 小朋友们，你们猜猜，这些松果会变成什么呢?变成很多新铸的塔勒钱币，里面一个假的都没有。这是松树林里的小玻璃人作为孩子的教父赠送给小彼得的受洗礼物。

——现在我要向你们表示感谢。我指的不仅仅是收听节目的孩子们，还有木炭工彼得、宝藏守护人、荷兰人米歇尔和豪夫笔下的那些童话人物们。我应你们的要求把你们带去了"声音王国"，现在又安然无恙地把你们带了回来。

埃泽西尔：安然无恙？你可真会说话。在我等到我的金币回来之前，绝对不能说是安然无恙。

莉斯贝特：呸，胖子埃泽西尔，你就是这种人，并且永远都是。而我，莉斯贝特，坚持这一点。

广播员：随他去吧，善良的夫人，他会把钱拿回来的，一分不少。

莉斯贝特：好的，广播员先生。我应当好好地谢谢您，您的玻璃乐曲总是能让我感到愉悦，您总是优雅地敲得玻璃瓶子叮当作响。

广播员（用粗哑的声音）：谢谢，谢谢。

莉斯贝特：有一阵子我感到很害怕，我们突然就不继续往前走了，您在"声音王国"里迷路了。

广播员：是啊，您靠近些，莉斯贝特夫人。您看看，这一页……这儿，豪夫的书稿中这里就有一个巨大的停顿。巧了，我们也停在相同的位置。

荷兰人米歇尔：我愿把它称为不幸中的万幸。

广播员：是的，所以作家设计了这个停顿。为什么呢？这个故事就像一座山，就像黑森林山脉那样，故事的高潮就像一座山峰，你可以从两侧向下望去，一边是好的结局，一边是坏的结局。

（喃喃自语的声音）再见了，宝藏守护人先生、善良的夫人、彼得先生，还有你们所有人。

荷兰人米歇尔：等等！等等！请稍等一下，女士们先生们，大家这么着急吗？我在这里成了一个大坏蛋，我一点儿都不高兴。我要提醒大家的是，在豪夫的故事里还有许多其他的坏蛋。你们可以去读读豪夫的《幽灵船》《断手的故事》或者其他故事，在那里像我一样的大坏蛋也会为美好的结局做出贡献。打扰大家啦，我看到其他人都已经走光啦，那再见啦！

广播员：再见，荷兰人米歇尔先生。亲爱的朋友们，我现在非常高兴，我终于可以一个人安安静静地待在我自己的播音室里了。我原本打算播一期"青少年时刻"的，这难道不就是一期"青少年时刻"吗？

咚。

🎙 播出信息：

1932 年 5 月 16 日在法兰克福西南德意志广播电台播出，由恩斯特·舍恩配乐。

"加薪？你究竟在想什么呢！"

瓦尔特·本雅明&沃尔夫·祖克尔

主持人：女士们，先生们，我们希望你们关注你们身边的一位同事，他就是马克斯·弗里施先生。所有在办公室、商店或企业工作的人们都该认识他。他是一个总能成功的人，他知道如何在不与同事起冲突的情况下坚持自己的主张。今天，我们请弗里施先生告诉我们他成功的秘密，向我们解释：他如何设法与每个人都相处融洽，如何在上班时谋生，如何放松自己的神经，成为一个令人愉快的同事。如果你们想知道他是怎么做到的，那就听好了！他代表了你们中的一员，他正经历着你们所有人的烦恼和困难，但往往比你们更清楚如何处理它们。请不要以为弗里施先生是罕见的例外，是幸运的宠儿！弗里施先生不想被人嫉妒，他想告诉你们，他是如何幸运地做到这一切的。

怀疑者：请原谅我打断您，主持人，可是您真的相信一个单身的、糟糕的人有能力把他的生活变得更美好吗？您当真相信吗？

主持人：是的，几乎百分之百，绝对是。

怀疑者：但是如果他没钱该怎么办？如果他多年来不得不靠微薄的薪水过日子，而且还常常入不敷出，他该怎么办呢？

主持人：也许他可以向老板要求加薪？

怀疑者（轻蔑地笑）：呵呵，我想您不太了解老板这个角色。如今这时候要和老板谈加薪？您一定是在开玩笑吧？

主持人：一点都不，弗里施先生想非常实际地向诸位展示他是如何做到的。请不要认为弗里施先生是个例外，幸运的宠儿！弗里施先生不想被人嫉妒，他想告诉你们，他是如何幸运地做到这一切的。

怀疑者：您说的这位弗里施先生可要好好跟我们说说。我在商界工作已经很多年了，我太清楚现在和老板谈加薪意味着什么。如果这位弗里施先生还能保持原有的薪资水平并且没有被解雇，他就该偷笑了。

主持人：那么在我看来，他很不聪明。

怀疑者：你有多聪明并不重要，来我的办公室吧，我将告诉他会发生什么。

主持人：嗯，我非常同意。也许我们会弄清楚为什么大多数人都在加薪的问题上不太走运。

怀疑者：让我向你们介绍曹德勒先生，他能够很好地说明问题所在。七年来，曹德勒先生的月薪都是 250 马克，他肯定还需要再加薪 50 马克才能活下去。但是我敢打赌，如果他现在去找老板，他什么也得不到。

主持人：很有可能，但难道这不是他自己的错吗？

怀疑者：哦，什么？他自己的错？胡说八道。只是老板不想，就是这样。

主持人：听着，也许我们会发现他的错误！

一阵轻轻的敲门声。

老板（粗暴的声音）：进来！

敲门声再次响起。

老板（粗暴的声音）：进来！还要我喊多少次？

曹德勒先生（急促而恐惧的声音）：哦十分抱歉，经理先生，我不想打扰您。但是经理先生，现在是否有时间？

老板：你能自己来就太好了，我正要找你谈话。这样下去可不行！我这里，我满桌都堆满了投诉，有来自莱比锡的，有来自埃尔兰根的，有来自埃尔堡的，甚至还有来自马格德堡，来自我们最好的客户的。这样下去可不行！投诉投诉，整天都是投诉！你给一个客户太多，给另一个却太少；马格德堡的货物账单是三个月前支付的，对此你怎么看，曹德勒先生？

曹德勒先生（越来越困惑）：哦，我确实不知道，在今天早上的邮件中我看到了一些东西，但我完全不理解它在说什么。

老板：对不起，但这还不够所以你不要怪我。这就是事情的关键：如果你没处理好事情，你现在来找我做什么呢？

曹德勒先生：我确实不知道，尊敬的经理，兴许是新来的会计又犯迷糊了。你知道的，我整晚都坐在这里查看收据，您可不能说我太过疏忽没有尽职。

老板（生气但依然耐心的声音）：好吧，曹德勒先生，我要告诉你一些事情。你坐好。你看，我知道你是个通情达理的人，我也知道你不会欺骗我。这也是我为什么让你在我们公司待这么久的原因。但是，现在把你自己放在我的位置上想想，每天我都收到无穷无尽的抱怨邮件，而你对此却说：这不是我的错，是新来的会计的错，你不知道出了什么问题。你自己说说看，我对此能感到满意吗？

曹德勒先生：对此我的确无话可说。但是我会用尽全力让事情变得更好。除此之外，我什么也做不了。

老板：我不知道这些，这些都是你自己的事情。就我而言，你每天只需要在这里待上两个小时。但问题必须解决，你必须知道这一点！

曹德勒先生：是的，先生——但是——但是（他犹豫的声音）——我想要……

老板（有些惊讶）：你想要什么？你还有什么好说的？

曹德勒先生：没有其他事情，尊敬的经理，只是……

老板：是啊，没有其他事情最好了，这对我来说再好不过了。

曹德勒先生：我想要……我想要加薪！

老板：什么？！你竟然还想着这事儿！简直是无稽之谈！连着好几个星期我都在责备你，你现在却要求加薪？

曹德勒先生：是的，尊敬的经理，我本不想打扰您，先生，但我现在的薪水实在无法维持生计。我恳求额外的补贴。

老板：我实在无法理解你是怎么想的。加薪？现在？在这个时候？就凭你？难以置信！

曹德勒先生：尊敬的经理，我想……现在我想……现在我只是想问……可不可以？请您务必理解，现在的薪水实在让我无法维持生活。

老板：曹德勒先生，我想告诉你一件事：加薪是不可能的。第一，现在我们没有时间讨论这个；第二，我对你最近的表现一点都不满意；第三，我想告诉你，没有辞退你已经是我对你最大的照顾了。

曹德勒先生（有点生气）：这样，那我大概可以走了。我曾希望您，尊敬的经理，能更好地理解我。我如此卖命地工作，如果您还不满意的话，那么我必须放弃在您这儿的职位了。

老板（安抚的声音）：可别胡说八道了，曹德勒先生。正如我所说的，我个人对你没有任何意见。别傻了！你为什么不想待在我这里？你绝对不会在其他任何地方找到归宿。

曹德勒先生（哽咽的声音）：是的，尊敬的经理，请您原谅我，但自从我来到这家公司，一直受到不公平的对待。迈尔先生是与我同期加入公司的同事，人家早就已经每个月比我多赚70马克了。

老板：那又怎样？薪水的事儿就是我说了算，亲爱的朋友。我劝你好好工作，像迈尔先生一样准确又可靠，这样你就不会觉得受到不公平的对待了。

曹德勒先生：是的，但我是这样做的……

老板（立即打断）：我是这么想的，我们的对话可以结束了，再见！

曹德勒先生（生气的声音）：再见！

门被关上的声音。

怀疑者（轻蔑地笑了笑）：哼，我不是早就告诉你了吗？这就是如今员工要求加薪时会发生的情况。主持人先生，刚刚的场景还不足以说明问题吗？

主持人：不，刚刚我们听到的，不过是在给大家示范一个教科书般的案例：员工在和老板谈加薪时会有什么样的错误做法。

怀疑者：为什么说它是错误的？不过就是老板不想加薪而已，很简单的事情。

主持人：不，刚刚的对话持续了四分钟。您知道曹德勒先生一共犯了多少错误吗？至少有七个！

怀疑者：怎么说？

主持人：首先，最愚蠢的事情就是，在老板完全有理由生气的时候提出加薪这种要求。其次，如果看到老板心情不好，就不能再步步紧逼地继续谈工资问题。第三个错误：当你和你的老板谈判时，你不能总是表现得如此害羞、紧张和唯唯诺诺，你不必粗鲁或霸道，但你必须保持你的尊严，你必须精准而明确地表达你想要什么。第四个错误：曹德勒先生在回应他老板的指责时，转而指责另一位同事，这是不公平的，给人的印象极差。第五个错误：曹德勒先生总是围绕着他的生活所需而谈论加薪问题，可是老板关心的是他的生意，而不是员工的私生活。第六个错误：一个非常愚蠢的举动——曹德勒先生威胁他的老板说，如果加薪谈判失败，他就要辞职不干。老板当然知道，曹德勒先生不会认真考虑离开。曹德勒先生坚持扮演受伤的一方的行为简直愚蠢，这永远不可能成功。最后是第七个错误：嚷嚷着"不公平"这个词总是不合适的。老板不会允许自己被底下人谈论他支付哪个员工的薪水更多，支付哪个员工的薪水更少，那是他的事。曹德勒先生与老板谈论其他员工薪水的举动是轻率的。你看，这就是我要说的刚刚发生的全部错误。

怀疑者（有点不确定）：嗯，我承认曹德勒先生的行为不太得体。那你倒是说说看，员工应该怎么做才能让加薪变得更顺利呢？

主持人：也许弗里施先生可以告诉我们怎么做。他是一个能够让他想要的一切都实现的人，他会尽量避免所有的错误。此外，他还会出其不意地打出制胜的王牌，每个员工手中都有的王牌。我们去他的办公室吧。请问这是弗里施先生的办公室吗？您好，弗里施先生。

弗里施先生：您好。

主持人：您能否给我们展示一下？弗里施先生，您能否给我们展示您在要求加薪时是如何谈判的呢？

弗里施先生：我可以试试。但我不知道它能否成功，我只能说我可以试试。

怀疑者：我倒是很好奇，弗里施先生，您每个月挣多少钱呢？

弗里施先生：350 马克，这里面大概有 40 马克要用于交税和保险。

怀疑者：您觉得您会比刚刚的曹德勒先生做得更好吗，弗里施先生？顺便问一句，您是做什么的？

弗里施先生：我是一家针织品批发公司的主管会计。

怀疑者：那么您希望获得多少加薪呢？

弗里施先生：我希望最终能有 450 马克的月薪，这样我到手就有 400 马克了。

怀疑者：那可是足足加了 30% 的薪水啊！

弗里施先生：的确如此，我们可以试试。您现在不要说话了，我要去见我的老板了。

一阵敲门声。

老板：进来。

弗里施先生：早上好，尊敬的经理。

老板：早上好，有什么事儿吗，亲爱的弗里施？

弗里施先生：能借用您一点时间吗？

老板：怎么啦？可别是出了什么乱子？您又发现什么违规的地方了吗？

弗里施先生：我可以坐下说吗？谢谢您。不不，事实证明最近的订单情况非常好。每个仓库的订单都需要经理签名，只有拿到签了名的副本，我才允许货物出库。

老板：很好很好。这样我们就不会再落入骗子手中了，您说是不是？

弗里施先生：完全不可能，除非整个会计部门里都是骗子。

老板（放心的声音）：好吧，我们倒也不必如此假设，感谢上帝！

弗里施先生：我完全同意您。

老板：新的预订方式不会造成重大延误吗？你知道，我们现在必须尽快交付。

弗里施先生：正相反，尊敬的经理，我刚刚和库房主管沟通过，现在可比以前快多了。用我的方法，不会有更多的问题。

老板：好吧，希望是这样。无论如何，让你负责这批订单实在是非常明智的选择。

弗里施先生：是的，我会继续努力做的。

老板：真不错，那么你要和我汇报的就是这些事儿吗？

弗里施先生：不不，先生，如果您允许的话，我还有一个私人的小问题想和您说。

老板：什么？必须是现在吗？你看看我这桌子上堆满了信件，我都还没来得及看呢。

弗里施先生：哦，实在抱歉，但我保证不会耽误您太久的时间。一会儿我还要接待从茨维考尔新工厂来的先生们，我也时间有限。您知道的，和这些人打交道要非常小心谨慎，因此我特意把我整晚的时间都空出来留给了他们。

老板：没错没错，这非常重要。我非常关注交货这件事，我们一定要好好办。

弗里施先生：您就放心地交给我去办吧，尊敬的经理。

老板：很好。对了，你刚刚说什么来着？

弗里施先生：是的先生，我希望您能给我加薪。

老板：哎哟，拜托，你现在提这个事儿，我实在是很意外啊。

弗里施先生：让您感到惊讶的话，我很抱歉。但是我觉得，我的工作能力已经远远超过了您目前为止支付给我的薪水。

老板：我不明白，你很清楚，我们一直在裁员，我们目前的员工数量超过了我们实际支付得起的25%，可你现在却来告诉我你还想加薪？

弗里施先生：尊敬的经理，我们完全可以心平气和地谈论这件事。我想告诉您为什么我需要更多的工资，以及为什么我认为公司能够支付我更多的工资。如果您有不同的意见，我也请您给我解释原因。

老板：给你解释原因？我付给员工多少钱从来都是我自己

的事。你知道我很关心我员工的诉求，但你不能那样直接来找我谈。

弗里施先生：但为什么不行？尊敬的经理，您一直都信任我，我们一起参与了所有交易的最终谈判。我所要求的只是您可以相信我会和您谈论我的任何事情。难道不是这样吗？

老板：那好吧，听着，我没有责备你的意思。我也想赚更多的钱。每个人都想赚更多的钱。谁不想呢？

弗里施先生：的确是这样，我的确也需要更多，至少比我现在赚的更多的钱。

老板：你现在的工资是多少呢？

弗里施先生：税前350马克。

老板：哎我说，这可不是一笔小数目啊！

弗里施先生：我不这么认为，我不认为这样的工资水平能让我们公司的会计主管足够代表我们公司的形象。

老板：为什么？谁会留意你的形象呢？

弗里施先生：可别这么说，尊敬的经理，从茨维考尔新工厂来的先生们今天就会来我们公司，他们会仔细打量我们每一个人。他们会非常细心地察觉到：这个员工被公司厚待着，他赚得一定不少，不需要为生活精打细算，因为他的外貌显示他的伙食应该不错，他的穿着又显得尊贵得体——您明白我的意思吧？

老板：如果听到这种谈论，怕不是人们要误会我拥有一间时装店，而你是我的模特。

弗里施先生（轻快的笑声）：尊敬的领导，您说的完全没错。您的每一位员工都是公司的某种模型，从中人们可以得出关于整个公司运营的生产力、可靠性和安全性的结论。相信我，每一位穿着得体、打扮得体的员工都是整个公司的宣传模特。那么，让我们把增加的薪水看作是提升公司形象的广告费，好吗？

老板：打住！打住！我们扯得未免也太远了，我亲爱的弗里施，你说得好听，但我该怎么办呢？目前公司的业务确实不允许再有任何新的支出负担！身为会计主管，你应该比谁都明白这笔账。

弗里施先生（自信的声音）：那是自然，尊敬的领导，我最了解我们目前的情况。但我想提请您注意另一件事，您看，去年我们庆祝了50周年纪念，我们的每个员工都收到了一份由您亲自撰写的周年纪念刊物和一笔特别的奖金。我饶有兴趣地阅读了这本小册子。

老板：这和你的加薪有什么关系？

弗里施先生：别着急，别着急。您在信中非常有意思地写道：在颠沛流离的混乱岁月之后，您亲爱的父亲如何勇敢无畏地创业并为他的新企业夯实基础。您写道，您父亲如何不遗余力地生产最一流的产品，如何在新型机器设备上投入大笔资金，因为他相信他付出的这一切投资都会为他带来更大的回报。您父亲支付给员工的薪酬也要高于竞争对手，因为他想把员工和公司凝聚在一起。尊敬的经理，您还不明白我的意思吗？

老板（无奈的声音）：好吧，好吧，我相信你的确仔细阅读了我的小册子。但今时不同往日，我亲爱的朋友。天地良心，那时候可比如今容易多了！

弗里施先生（坚定的声音）：是的，您说得没错，或许时代是不同了，但是我始终认为，我们的公司应当不忘初心。您和您的父亲一样勇敢地坚守实业，在如今这个困难的时期，为公司留住可靠的、能够委以重任的人才，难道您不认为这是比那个时候更重要的事吗？

老板（有些感动）：好吧，好吧，我想你说的对，亲爱的朋友。那你告诉我，你想要什么呢？

弗里施先生（稍作停顿）：500 马克。

老板：你说什么？我没听错吧？

弗里施先生（坚定的声音）：500 马克。

老板：我听到的还是 500 马克！

弗里施先生（坚定的声音）：是的，和我刚刚说的一样。

老板：好吧，我亲爱的朋友，你还是打消这个念头吧，我毕竟不是百万富翁。

弗里施先生：嗯，我也不是百万富翁，哪怕我每个月能拥有 500 马克。尊敬的经理，请相信我，我的专业能力每周能为您在公司业绩上带来的回报，比您每个月多支付我的薪水还要多得多，这一点我绝不自夸。

老板：哎，这不好说啊。

施先生：不，我说的是真的。如果您能仔细核对在我经手之前的财务报表中因为种种行为不端造成的经济损失，您就会发现，我说的都是实话。

老板：我不想和你争论这个，但请你考虑一下我们目前的经营状况，我们的销售额甚至都没有去年的 60%。

弗里施先生：是的没错，我们必须坚守岗位，我会尽我所能为公司再次增加业绩。

老板：这也是我对你的期待。好吧，现在让我们理性地谈谈，你觉得 400 马克怎么样？

弗里施先生：不不，这比我现有的工资水平只多了 50 马克。请您原谅我，尊敬的领导，但我期待的更多。

老板：那好吧，我也非常肯定你对公司的付出。我不想让你觉得我是个小气的老板，450 马克怎么样？

弗里施先生（稍作停顿）：行！以现在的经营状况来看，450 马克可以。我会尽我所能地做好我的工作，好让我下次和您提加薪的时候您不会以我工作懈怠为由拒绝我。

老板（大笑）：我不会介意的。如果我们的收入有提升，你也绝不会是最后一个受益的员工。但话说回来，你真是一个有意思的人。当我和你说话的时候，有时候我感到你才是老板，我是员工，实在是有意思。

弗里施先生（严肃的声音）：或许我可以这样理解，作为一个每天在贵公司尽忠职守地工作八小时才能回家的人，我的确不觉得自己只是员工而已。如果这么说您不介意的话，我有时候的确感到自己像老板一样，至少在操心方面。

老板：听到这些我真的很高兴。如你所说，我只想和独立且负责的人一起工作。

弗里施先生（开玩笑而稍带讽刺的语气）：嗯，或许这可以体现在我以后的工资条上。

老板（大笑）：你还真是等不及了，不过会的，我相信你会对我们今天的谈话感到满意。

弗里施先生：我当然和您一样，我对今天的谈话也非常满意，这要衷心地感谢您才是。

老板：很好，但最重要的是，今天要接待茨维考尔新工厂来的先生们，你可得仔细些，别出什么岔子。

弗里施先生：这是自然，我保证一切稳妥，祝您日安。

老板：祝你日安。（对自己说）这个弗里施，可真是个聪明人。

门被关上的声音。

主持人：瞧瞧，我刚才说什么来着？弗里施先生做到了，他实现了他想要加薪的愿望，比他原来的工资足足增加了100马克。他难道没有理性地达成他的目标吗？

怀疑者：嗯，我的确无法否认。这位弗里施先生可以说是人情世故方面的天才。

主持人：是的，我相信他的老板也看到了这一点。老板的心思是：如果我们的弗里施先生在和我谈加薪的时候能深深地打动我的心，那么他在和我们的商业客户打交道时一定能展现出更为出色的谈判技巧！我需要这样的人才，我可不能让拥有这种能力的人从我身边溜走。

怀疑者：好吧，我承认弗里施先生的确厉害，但他不过是罕见的个案。

主持人：的确，弗里施先生仅是一个个体，但我们所有人都是个体，我们都会遇到相似的场景，其中会有一些通用的法则。

怀疑者：是的，弗里施先生在这方面得心应手。他完全避开了前面曹德勒先生在加薪谈判中所犯的错误，但仅仅这样就够了吗？

主持人：是的，您说的一点没错。这还不够，还得有一些补充。

怀疑者：是什么呢？

主持人：是我们最基本的态度，我们精神的内在态度。

怀疑者：这是什么意思呢？

主持人：这意味着一种内在的态度，我指的是弗里施先生对他的公司、他的老板和他整个人生命运表现出的基本价值观。他清醒、坚定、勇敢。他知道自己想要什么，因此他可以随时保持冷静，并同时保持礼貌。他知道如何根据谈判对手的心理状态而调适话语，而不是以牺牲自己的尊严作为代价。

怀疑者：您说什么就是什么吧，但我还是觉得，这是因为弗里施先生幸运地拥有外在条件。如果这一切外部的因素都没有帮到他，而且出于某些原因，他的老板也没有被说服呢？

主持人：弗里施先生都预想到了这一切。即使最后失败了，他也能保持冷静，而不是一味地心灰意冷。弗里施先生将他的加薪努力视为一种竞技的艺术，他对待这种竞技犹如对待一种游戏。他以轻松愉快的方式投入到与生活困境的斗争中去。即使在失败面前，他也会保持清醒的头脑。请相信我一件事：那些能够一次次抵御失败的暴击而不被打倒的人，都是能够成功地以体面的方式对待失败的人；他们不会在每次失败后就只是低头哭泣，而是依旧保持勇敢和无畏。那些不能忍受生命的厄运与不幸的人，是无法为新的斗争全力以赴的。在考试中谁会首先倒下呢？是那些总是充满恐惧，总是抱怨不停的人。谁在考试中保持冷静的头脑，那他已经成功了一半。如今的时代需要这样的人。我相信，这就是成功的秘密。

🎙 播出信息：

1931 年 2 月 8 日在柏林广播电台播出；1931 年 3 月 26 日在法兰克福西南德意志广播电台播出。

"加薪？你究竟在想什么呢！"

当德国古典作家写作时德国人在读什么？

导演致辞

女士们、先生们，

通常情况下，在节目开头应当由主持人来做我现在所做的工作——介绍发言。但你们很快就会意识到，这一次，我们的主持人陷入了一种奇怪的幽灵谈话之中，我们必须把他从仅仅是介绍发言的世俗任务中解放出来。你们很快就会从以下他的谈话中听到，他可能已经丧失了作为一个主持人该有的冷静和必要的客观。你们会从他的语气中感受到一种有点恼怒的激情声调。最初登场的"启蒙之声"与他并不融洽，而在他第二次提高声音时打断他的"浪漫之声"，对他来说毫无意义，最后是"19世纪之声"，这必须得在歌德的庇护下才能免受批评的影响。

　　然而，你们不必忍受主持人令人不快的陪伴太久。他只会出现在我们演出的起点上，也就是说，他只会出现在开始、结束和中间时刻。在他与"浪漫之声"的争论中，我们从柏林的一家咖啡馆出发，先来到一家莱比锡出版社——布莱特科普夫（Breitkopf）的地下室，人们在书展期间惯于聚集在那里，让我们倾听他们谈话的声音。如果你们把这次往返于柏林与莱比锡之间的旅行想象成一次光彩夺目的古罗马五年大祭之旅，也没有什么不妥。不管怎么说，在1790年到1800年间的十年里，我们算是同时待在这两个地方。我们将接受柏林的书商约翰·弗里德里希·温格[1]的引领，因为对当时相当多的作家来说，他是公认的行业指南。我们在他身边发现了两位寂寂无闻的典型人物：两位文化人代表，一位代表着启蒙运动之声，另一位代表着浪漫主义之声。这里不仅仅有温格

1　约翰·弗里德里希·温格（Johann Friedrich Unger，1753—1804）：德国书商
　　与出版商，出版包括歌德、席勒等人的作品。

这样知名的历史人物，还有作家卡尔·菲利普·莫里茨[1]与演员兼剧作家伊夫兰德[2]，这些人物至少能够站在大人物的阴影下，并在这个小小的文学游戏中不受到任何等级排名的伤害。最后，在第一幕中，我们会认识格鲁内利乌斯牧师，他是我们虚构的人物，而伯尔尼的书商海因茨曼[3]则在第二幕中出现。

启蒙之声：您说得太啰唆了，先生，您花了太长的时间啰唆，而我们声音不习惯等候太久。

导演：我可不是来和你们这些声音谈话的。这是主持人的活儿。

主持人：主持人的活儿，您说的一点儿没错。他还不习惯用声音创造任何情境。

启蒙之声：启蒙对这可不敏感。

主持人：那我就不妨直说了？我听说，您今天打算要在一家咖啡馆里设立总部。

启蒙之声：就在国王大街的齐默尔曼家。

主持人：您的敌人——您知道，哪怕到了今天您也还有一

1　卡尔·菲利普·莫里茨（Karl Philipp Moritz, 1756—1793）：德国狂飙突进与古典时期作家、文艺理论家。后文所说的《安东·莱瑟》（*Anton Reiser*）是其代表作之一。

2　伊夫兰德（全名 August Wilhelm Iffland, 1759—1814）：德国演员与剧作家。

3　海因茨曼（Heinzmann, 1757—1802）：保守的瑞士书商与出版人。

些敌人——会说，您是从柏林的一家小咖啡馆里诞生的。

启蒙之声：我们启蒙的敌人就是那么无知。我命名自巴士底监狱，诞生在 1789 年的风暴来袭时。

主持人：那么您给人类带来了什么呢？

启蒙之声：正义与公平。

主持人：便宜[1]？您未免太夸张了！

启蒙之声：您这是什么意思？

主持人：我的意思是，您朋友们的书可真够贵的。正如我在书展目录上看到的那样：席勒的《三十年战争史》（*Geschichte des Dreißigjährigen Krieges*）需要花上 18 马克，《布韦努托·切利尼》（*Benvenuto Cellini*）没有 24 马克休想读到，而歌德 1790 年出版的作品在目录上显示售价 57 马克。

启蒙之声：很抱歉，但这不仅证明了经典的阅读从来就不轻而易举，同时也证明了人们在多大程度上仍然愿意为此付出努力。经典的著作可以说是我们终生的财富，是为我们的子孙后代所设的信托基金。

主持人：可是它们被束之高阁，可还有人去阅读它们？歌德对此就深信不疑，在他生命的最后时刻，他曾这样说道：普通大众的判断力和他们的品位一样差，他们对普通事物表现

1　原文"Billigkeit"既有公平、公正，又有廉价、便宜之意。

出和对崇高事物同等的兴趣。

启蒙之声：我不仅与广大读者和他们的品位有关，我还与人民群众有关，和他们的基础知识有关。我与 1788 年版的三万册《农民必备应急手册》（*Noth- und Hülfsbüchlein für Bauersleute*）有关，我与裴斯泰洛齐[1]的小册子，与埃伯哈德·冯·罗霍（Eberhard von Rochow）写给孩子们的，与那些孩童书籍和农民读物都有关。这些才是我想和我的朋友们分享和谈论的内容。

主持人：所以您才去吸烟室见您的朋友们？

启蒙之声：也去见见我的敌手。那儿有个牧师，他总是和我过不去。

主持人：但主要还是去见您的朋友吧，他们是谁呢？

启蒙之声：柏林的书商约翰·弗里德里希·温格，他是歌德《威廉·迈斯特的学习时代》（*Wilhelm Meister*）等新作，还有席勒《奥尔良的姑娘》（*Die Jungfrau Von Orleans*）和施莱格尔（Schlegel）《阿拉科斯》（*Alarcos*）的出版商，还有不要忘了作家卡尔·菲利普·莫里茨，我到那儿也要去见见他。

主持人：我冒昧地问一句，您将以什么样的形式去见他们呢？

1　裴斯泰洛齐（全名 Johann Heinrich Pestalozzi，1746—1827）：瑞士教育改革家。

启蒙之声：以集众人于一声的形式。我的声音是伟大的哲学家伊曼努尔·康德（Immanuel Kant）或小抄写员默克尔（Merckel）的声音，是犹太医生马库斯·赫兹[1]或尼科莱[2]的声音，我的声音可说单调也可说嘈杂。你马上会从中听到一个新的声音，那是某位学者的声音。

我们接下来听到了赞美诗的序曲。

启蒙之声：嘘！请您不要再说话！请仔细聆听！

我们听到一首赞美诗（可能是多声部）：

我从遥远的天国来到世间，
为你们带来新的美好童话；
为这美好的童话我付出许多，
我将为你们歌唱，为你们言说。

你们将有圣子降临，
由纯洁的圣母所生；

1　马库斯·赫兹（Markus Herz，1747—1803）：德国医生与哲学家，康德的门徒。
2　尼科莱（全名 Friedrich Nicolai，1733—1811）：德国作家、评论家与出版商。

这孩子温柔又娇贵，

是你们的至福与喜悦。

这是主基督我们的神，

他想带你们摆脱所有的烦恼；

他想成为你们的救世主，

净化一切的罪恶。

他为你们带来所有的救赎，

父辈的神已经准备好；

让你和我们一起进入天国，

愿你永远活在当下的至福。

赞美最高的宝座上的神，

他赠予我们他自己的儿。

天使们欢欣鼓舞，

为我们唱这一首新年颂歌。[1]

牧师格鲁内利乌斯：是的，亲爱的各位，这些孩子们只需

---

1 来自马丁·路德 1535 年的儿童圣诞赞美诗 "Vom Himmel hoch"。

要静静聆听，聆听这歌声把圣诞之音带到这样一个世俗的地方，正如我今天所说的那样，您知道，这一次……您不能就这样把眼睛从窗户上移开，副校长莫里茨[1]先生。

文人甲（轻声）：牧师先生，我认为，我们应该让他一个人待着。他似乎就想一个人待着……（提高音量）我可以告诉您，我知道为什么莫里茨先生会出现在窗户旁。

牧师格鲁内利乌斯：我听不懂您的话，您在说什么？

文人甲：我的意思是，您是知道的，唱诗班的孩子们或许会有不同的想法。我要告诉您，我最近正好在《布伦斯维克月刊》（*Braunschweig Journal*）上看到学校理事会关于这些学童的讨论，我只能告诉您这么多。理事会里有人坚持要取缔唱诗班，而且我认为他说得很有道理。他声称，孩童从这些免费的课程中能够收获的知识少得可怜，根本无法抵抗他们在街头巷尾游荡时不可避免的堕落和野蛮。他建议，那些为了教育所设立的基金应该仅仅用于为贫困的学童提供免费的课程与校服。此外，他们把本该用在上学的时间浪费在街头游荡，使他们无论如何也学不会正确的思考。

牧师格鲁内利乌斯：尊敬的先生，这些事情我们是不会同意的。我还想非常坦率地告诉您，我完全不清楚这与莫里茨

---

1 现实中，莫里茨曾于 1780 年起担任柏林格雷修道院的副校长。

先生有什么关系。

文人甲：但你肯定知道《安东·莱瑟》这本书吧！

牧师格鲁内利乌斯：是莫里茨先生的小说吗？坦白说，我不知道。这本书应该很悲伤。

文人甲：的确很悲伤，但它却讲述了我们亲爱的莫里茨的童年。

牧师格鲁内利乌斯：书里的主人公是莫里茨吗？那我倒是可以把一些事儿联系起来了。

文人甲：最重要的是，你会明白他为什么会在书中出现，因为他自己就是唱诗班男孩中的一员。上次我们一起坐在卡梅科家的花园里时，他连续几个小时向我描述他们是如何在雨雪交加的街上等待，他们紧紧地并排挨在一起，直到消息传来说某户人家需要他们去唱诵圣歌。于是他们都挤进了客厅，此起彼伏地唱着咏叹调或赞美曲，当结束时有人端来葡萄酒或咖啡以及蛋糕时，可以说是幸福时刻。

听众听到椅子倒地的声响并听到恼怒的惊呼：

请原谅我的失态，尊敬的先生。

牧师格鲁内利乌斯：学者先生今天似乎站不太稳。

文人甲：也许他喝多了。

文人乙：把这种暗示留给您自己吧，同行先生。您可能也已经注意到，通往我们疯狂的奥林匹斯山的道路已经被封。

莫里茨：如果您的意思是通往桂冠的道路太过光滑，那么您是对的。但是您的语言未免太过花哨。

文人乙：我的语言与我随身所带的花朵相比微不足道。

牧师格鲁内利乌斯（轻声）：除了他的鼻子，我在他身上找不到什么和花有关的东西。

文人乙：猜猜看，先生们，我带了多少本书。

文人甲：您的诗集，我猜，每回碰到您，您都带着它。

牧师格鲁内利乌斯：那些诗根本不行，都不够选出一本诗集的。

文人乙：三十八本，我尊敬的先生们。

牧师格鲁内利乌斯：您没和我开玩笑吧。

文人乙：要和我打赌么？赌一杯香槟酒如何？

文人甲：别犯傻了。

文人乙：那么请您自己看看吧。

我们听到各方越来越响亮的"啊，啊，啊"的声音。以下标题可以随意修改，并依次由不同的播音员朗读。

光是以"年鉴"（Almanach）或"历书"（Kalender）结尾

的书名可就不少啦，下面就是那些很受欢迎的目录，只是不同的读者可能有不同的排序喜好:《德意志缪斯年鉴》(*Almanach der deutschen Musen*)、《高贵心灵年鉴》(*Almanach für edle Seelen*)、《缪斯与恩典历书》(*Kalender der Musen und Grazien*)、《布伦瑞克-吕内堡选举谱系历书》(*Kurfürstlich braunschweigisch-lüneburger genealogischer Kalender*)、《健康爱好者年鉴》(*Almanach für Liebhaber der Gesundheit*)、《教会与教徒年鉴》(*Kirchen- und Ketzer-Almanach*)、《社交娱乐指南袖珍年鉴》(*Taschenbuch zum geselligen Vergnügen*)、《儿童与青年年鉴》(*Almanach für Kinder und junge Leute*)、《家庭幸福指南年鉴》(*Almanach zur Beförderung des häuslichen Glücks*)。

牧师格鲁内利乌斯:《家庭幸福指南年鉴》? 没错，就是它，这该死的漏网之鱼，百分之九十的家庭悲剧都来自这本该死的年鉴，它上面的每个女人都把自己幻想成克洛伊，甚至是阿斯帕西娅。

莫里茨: 是的，您手上就有这样一套恶魔之书。像我这样的人却很想知道，这种不符合美学的东西怎么还能在市面上出现。我尤其指责这些年鉴的原因在于，书上出现的所有韵律、轶事、歌曲、漫游与舞蹈、散文与笔记、地图、铜版雕刻和服饰，到现在都在阻碍那些受过教育的群众，使他们远离严肃的作品。

牧师格鲁内利乌斯：没错，副校长先生。一切都是废墟碎片、低劣的感官享受。我甚至看到未来某一天，他们也会这样羞辱《圣经》，为《旧约》中的教父们添上彩色的图片。

莫里茨：我们的面前是这样的两类人：好一些的群众喜欢谐戏，喜欢多情的诗句和哀婉的小说；而简单一些的群众，只要他们还在阅读的话，就很容易被书报小贩吸引，他为他们带来街头盗贼与鬼魂幽灵的故事。这或许对您更有利，牧师先生，天堂和地狱的倾诉欲不分伯仲。

牧师格鲁内利乌斯：如果您认为我的布道可以与新尚的骑士故事相媲美，那您就大错特错了。只有亚伯拉罕·阿·圣克拉拉[1]才能留住这这两类人，但也依然每况愈下。

文人乙：等一下，先生们。那后面坐着的肯定是温格。他肯定带着最新的书展目录，我们一会儿就知道了。请等等，尊敬的温格先生。

温格：是您啊，我亲爱的朋友。坦白说，如果早知道您在这里的话，我就去别的地方喝咖啡了。您还记得我，我想说您刚刚说的都是对的。但是，在我和我的巴黎同事迪多（Didot）弄清楚这些新刊之前，我不能敲定任何事务，您可以去问问所有的作家们，去问问莫里茨。

---

1 亚伯拉罕·阿·圣克拉拉（Abraham a Sancta Clara, 1644—1709）：奥古斯丁会修士，以布道广受欢迎而闻名。

文人乙：但是我恳请您，我自然是不会逼迫您的。这不是重点。但恳请您放下最新的《柏林月刊》[1]，从您胸口处的大衣内袋里掏出最新的书展目录。您知道，我的先生，您是逃不掉的。

牧师格鲁内利乌斯：先生们，请安静一会儿！听我说！或许会有些尴尬，但是你们听说过布拉格的出版商威特曼（Widtmann）吗？我自然也没有听过。这不应该，我的先生们，这不应该。因为我们很快就要感谢这家小小的出版社，它出版了一部叫作《犹太老祖母，或者说，黑衣女人的骇人灵魂》的杰作。但是威特曼先生在布拉格也不乏竞争对手，比方说你们觉得《守夜人，或是波希米亚萨兹的幽灵夜营：一个来自灰色魔法时代的可怕传说》这本书怎么样？或者听听这个——哦不！我尊敬的副校长先生，它们都不可能是真实存在的。请你们靠过身来，仔细瞧瞧这本《金钥匙骑士阿德玛尔·冯·帕尔斯坦与十二位作为神秘青年守护者的梦境女郎：中世纪骑士与精灵的故事》。

文人甲：这部作品的作者，瓦尔德纳（Waldner）先生，显然不会惧怕来自我们善良的乌尔皮欧斯[2]的竞争。

---

1 《柏林月刊》（*Berlinische Monatsschrift*）：以刊登德国启蒙论辩而闻名，某些卷本将温格列为出版人。

2 乌尔皮欧斯（全名 Christian August Vulpius，1762—1827）：后文所提《大盗贼里纳尔多·里纳尔迪尼》的作者，他的妹妹克里斯蒂娜（Christiane）嫁给了歌德。

文人乙：他怎么又出现了？我相信他会加入进来的。

牧师格鲁内利乌斯：当然。比如我们还有《大盗贼里纳尔多·里纳尔迪尼》。顺便说说这个乌尔皮欧斯……

莫里茨：您别告诉我这是歌德先生未来的姻亲。首先，我们还没准备好到那一步。其次，我认为强盗故事的写作是一个非常诚实的职业。哦，牧师，我知道您又要反驳我。但我必须告诉您，与这位施皮斯[1]先生毫无价值的魅力相比，这些都是无害的，施皮斯先生只会为自己可怜的产品提供各种美丽诱人的包装。

温格：是的，我们的施皮斯先生很有诱惑性，您的一位同事就陷入他的迷网了，牧师先生。人们真的应该相信这是一本大约在1650年出版的高尚的沉思录，但最终，这里面左右不过一个催人泪下的家庭故事。我当然没读过这本，对我来说，他最后的那部作品已经足够让我心满意足……说到这，它叫什么来着？

文人乙：《人类的不公》，如果我没记错的话，它叫作《人类的不公，或穿越苦难洞穴与苦难之屋的旅程》。事实上，那是一部非常粗糙的潦草之作。

莫里茨：这一点上我想说的是，先生们，在我看来，正是

1　施皮斯（全名 Christian Heinrich Spieß，1755—1799）：主要以爱情小说、鬼怪故事和强盗小说知名的作家，后文的《人类的不公》《疯人传记》皆为其作品。

这种虚伪需要被谴责，也正是这种虚伪让这些抄写员得以包装他们舒适的作品，仿佛他们真的想推动人类有关性别、公民意识和教养的启蒙活动。显然，这些东西已经进入了我们的课堂。您看！这是不到三小时前，我在希腊语课上抓到的一个孩子在课桌下偷读的东西。

温格：不，副校长先生，说真的，请给我看一下！我以前还从未翻开过施皮斯先生的任何作品。《传记》——不，听我说——《疯人传记》。

牧师格鲁内利乌斯：如果我现在告诉您，这个人已经写了四卷本，并且我相信，他还会继续写。

温格：不，牧师先生，把它给我！至少在莫里茨先生和他学生的辩论中，我愿意成为渔翁得利者，让我好好看看他写的东西。

文人乙：大声朗读，温格先生！我们所处的社会太过光明，还没有人真正了解施皮斯先生的作品，还没有人能从中真的看出些什么。

温格：如您所愿，先生，如您所愿。但是让我们先从导言部分开始。

牧师格鲁内利乌斯：我们不妨从中选取一小部分，这应该够了。

温格："人们应当感谢我，"这位施皮斯先生这样写道，

"如果我试图对那些濒临深渊的歧途者发出警告，我能期待他们的感谢吗？我是否有职责去阻止那些头脑发热的游荡者，不要从那口清凉的井里试图取一股急流，否则他可能会死在井里。如果我能要求亲爱的读者们把我这本小册子里的内容记在心里，那么我的使命就完成了，并且能够期待来自读者的感激之情。发疯是可怕的，然而更为可怕的是，人们如此轻易地成为它的受害者。激情的膨胀、希望的落空、未来的迷茫，还有幻想中的危险，都能够夺走造物主赠予我们的最珍贵的礼物——我们的思想。芸芸众生之中又有谁能自夸，说他从来没有遇到过一次类似的情况，从来没有面临过一次相似的危险？当我向你们讲述这些不幸之人的生平传记时，我不仅只是为了引起你们的同情，而是为了更好地向你们证明，他们每个人都是他们自身不幸的原因，并且，我们有能力预防类似的不幸。不可否认的是，我自身也无法抵挡这股洪流，倘若我冒险进入它的深处，我要感谢书中的那些人物，正是他们身上的实例让我对这股洪流的深不可测深信不疑，并且，在我试图跨越其间的时候，警告我即将面临的危险。如果我的讲述能够成功地阻止某位单纯的年轻姑娘，或某位不知深浅的年轻小伙去实施某个可能会让他们陷入疯癫、失去理智的大胆计划，那么，我会觉得这是我所能够获得的最为光荣和最为崇高的回报。"

莫里茨：事实上，这非常狡猾。人们不会感到惊讶，当这样的事情发生在青年人的身上。

文人甲：是的，副校长先生，您今天正经历着我们整个教育系统中的巨大不幸。在这里，我们启发着人类了解他们的自然美德和原初和谐。然而，就是这些癫狂者、神秘主义者、天才崇拜者、狂飙突进者（*Stürmer und Dränger*）来到这里，让一切变成新的迷雾和新的沼泽。

牧师格鲁内利乌斯：听着，我亲爱的，或许这能给您一些启发。我是说您和您的同事，您应该问问自己，为什么您仰慕的领袖，自然与美德的传道者卢梭（Rousseau）的身上也同样充满着非自然与非道德。简而言之：对于积极的神学家来说，您的整个启蒙努力与一个想在大白天点亮蜡烛的人没有什么区别。

文人乙：不，牧师先生，我们别那样辩论。您这语气听上去很不友善。我相信，副校长先生会把它称之为一种人身攻击式的辩论（*argumentatio ad hominem*），而学术公民不值得这么做。您既然和我谈到了卢梭，那么我也可以和您谈谈拉瓦特[1]。拉瓦特非常了解如何将积极的宗教与一些神秘主义、天才和激情结合起来。然而正如您所知的那样，随着时间的推

---

1 拉瓦特（全名 Johann Kaspar Lavater，1741—1801）：瑞士诗人与神秘主义者，后文《乡村孩童道德手册》的作者。

移，他吓跑了所有严肃的读者。

莫里茨：但最糟糕的是，这些人认为他们必须从事教育儿童的职业。比如说我现在手上就有一本《乡村孩童道德手册》。是的，我的确相信——当然或许我不该这么说，但我的确相信，我在我的《儿童逻辑》中做得更好。

服务员：抱歉打扰了，我尊贵的先生们，烦请您稍稍侧身，好让我把橱窗的灯打开。我无意冒犯，尊敬的出版商先生，但有位先生已经等"新闻"发布等了足足二十分钟了，恐怕您的魅力无法与科塔社（Cotta）出版的报纸相比。

温格：非常乐意，我的朋友，非常乐意。对了副校长先生，我实在好奇分类广告如今是如何失控的。您能相信一周前我在杂志上看到一则婚姻广告吗？

莫里茨：我不知道您是否看过《莱比锡日报》（*Leipziger Zeitung*），但有人告诉我，它会在整幅版面上刊登广告，我的意思是，除了单独的广告以外，什么内容都没有。然而，这种做法十五年前在英国就已经相当普遍了。

文人甲：先生们，我相信，任何把报纸与公民生活联系起来的东西都是有益的。在我看来，报纸不应只为政府和议员而写，也不应只为教授和文人雅士而写，报纸属于每一个人。

牧师格鲁内利乌斯：尊敬的先生，您不会希望报纸最终落入未受过教育的群众手中。听着，我并不是说我了解先生们此刻正在谈论的每件事，但诸位可以相信我一件事：作为一名牧师，我比任何人都清楚发生在如今群众身上的那场可怕的阅读瘟疫，并且越没有受过教育的人，就越没有痊愈的希望。今天人们所读的东西，二十年前的人们根本没想到过用书来记载。生活在我青年时代的普通市民或某位工匠若想要记录下他们做了什么，或许我们能看到一些诚实的、足以接受时间考验的旧日记载：一份家谱、一本古老的草药书或一本祈祷书。但是今天呢？市民家庭中原本置身于厨房的女孩们，如今已经在门厅里读起了歌德与席勒；而郊外某位受到不良教育的乡村少女正用她的纺锤交换科策布[1]的剧本。我亲爱的兄弟莱因哈德[2]牧师说得对极了，他说，如今的家庭问题——人们现在已经听到很多这类抱怨——正是来自人们对阅读的过度沉迷。

文人乙：我相信您说的是真的，正如我最近在德意志博物馆里读到的一样，许多大城市里的宪兵都把可借阅图书馆里的书带到了他们驻扎的巡逻站。

温格：可借阅图书馆，哦，您终于说出这个字眼了！这是我们这个时代所有人的灾难。

---

1 科策布（全名 August Friedrich von Kotzebue，1761—1819）：德国小说家与剧作家。
2 莱因哈德（全名 Franz Volkmar Reinhard，1753—1812）：德国有影响力的新教神学家。

牧师格鲁内利乌斯：请原谅，我并不是想打断您，但如果您说的是宪兵的话，我可以告诉您他们把什么书带去了驻扎营。前些日子我正好有机会瞥到了他们送去国会机构审查的包裹。先生们，我给你们念一念书名，不外乎就是《奥古斯特，或新娘在婚礼前的忏悔》（*Auguste oder Die Geständnisse einer Braut von ihrer Trauung*）、《古斯汀的故事，或永葆童贞》（*Gustiens Geschichte oder So muß es kommen, um Jungfer zu bleiben*）、《亨希曼的漫游》（*Hannchens Hin- und Herzüge*），像是伊斯坦布尔或是阿维尼翁等地出版社出品的东西注定要把审查员的鼻子都气歪了。

文人甲：我接下来要说的，当然不是为那些书籍辩护，但您知道我们要感谢谁吗？这得归功于这些完全相同的审查制度，尊敬的先生们，归功于 1788 年 7 月 9 日颁布的可恶法令[1]。正是审查制度剥夺了高雅的有益作品的读者群体，并将他们的好奇心和阅读欲转化为最狡猾的投机者。您和我都清楚，正是审查制度让我们的《柏林月刊》不得不迁往耶拿；也正是它禁止了康德的《单纯理性限度内的宗教》；禁止冯·洪堡（von Humboldt）为了庆祝洛顿（Lottum）伯爵夫人的婚礼而在吊袜带上印两行非常无辜的字眼；禁止……

1　1788 年 7 月 9 日，腓特烈·威廉二世颁布了"宗教法令"，并在 1788 年 12 月 19 日紧接着颁布了"审查法令"，禁止出版质疑正教的书籍。

温格：学者先生，您看我们善良的牧师先生已经很不高兴了，让我们不要谈这些琐碎的小事了。至少能让我们欣慰的是，他们并没有像奥地利那样禁止一切关于法国的作品，甚至是关于法国自然地理的书籍也不能幸免。与维也纳人不同，我们至少可以阅读门德尔松（Mendelssohn）、雅科比（Jacobi）、毕尔格（Bürger）以及斯特恩（Sterne），还有不要忘记《伊利亚特》（*Illias*）。

莫里茨：他们还不承认《伊利亚特》在奥地利是被禁止的！

温格：《伊利亚特》在奥地利是被禁止的，就像巴伐利亚在今天仍然禁止《埃涅阿斯纪》（*Aeneis*）一样，但这不是我要谈的重点。眼下我要谈的是所有具备思考能力的正派人都无法回避的问题，他们对柏林书业去年提交的请愿书的答复是，"如果人们清楚地认识到这一点，就不会对图书市场将会受到重创的事实提出异议，那就是：邪恶的思想必须得以控制，哪怕要付出图书行业灭亡的代价"。

莫里茨：您想说什么呢？审查员也得生存啊。我告诉您，这可不是件简单差事。这个可怜的家伙审完一页纸才得到两分钱。但是有人告诉我，审查诗歌会赚得多一些，可能是因为隐藏在韵律中的邪恶更难被人察觉。

温格：听着，所有这些都是不正确的方式。顺便说一句，您刚刚提到您的《儿童逻辑》，这本书对启蒙和教育的贡献可以说是一百名审查员的十倍，前提是如果这些审查员是真正优秀和充满善意的话，然而事实常常并非如此。是的，如果您还能再写上一本续集给我的话，我将不胜喜悦，更不用说这还是向年轻读者介绍我最新书目的最好方式。

文人甲：终于说到这儿了，副校长先生！我一直想找机会告诉您，我让我的小圈子成员——都是来自最体面家庭的孩子们——一直研读您的作品。我还想告诉您，您知道您带给他们的最高价值在哪儿吗？这正是您著作中无与伦比的地方：您让孩子们了解了诸神。正如我让孩子们背诵的以下段落：

> 现实世界也存在于人的观念之中，但思想世界的不同之处在于，它只存在于人的观念之中。这个思想世界也包含着所有关于女巫和精怪的传说和所有的童话故事；它包含着全部关于诸神的神话或者说教义，在这些神话或宗教中，世界在古老的原始时代就有无数精神存于其间，它们都是人类的想象。那里有阿波罗、玛尔斯、密涅瓦、朱庇特，以及奥林匹斯山上的所有男神与女神。

牧师格鲁内利乌斯（清了清嗓子）：诸位，我得说明一下，我恐怕要先行告退了，先生们。七点钟我还要聆听主教会议。

相互告别的嘈杂声音。

文人甲：他应该算是个正派人吧？那个老格鲁内利乌斯。

温格：当然了，您在想什么？他可是世界上最善良的男人了。

文人乙：真好，您能给孩子们科普奥林匹斯山上的诸神，但是也有一些人，他们善于从孩子们的身上去除一切迷信和怪念头。比如我就认识这样一个人，他是来自米尔海姆的库图姆[1]博士，他对古老的诸神和英雄的态度丝毫不加掩饰。要是他能走到我面前，我一定要把启蒙奖颁给他——除了他没有任何人有资格领这个奖。

文人甲：您在说笑话吧？我们都知道他笔下的《约伯纪事》就是一出闹剧，这就是您为等待启蒙的孩子们设立的榜样吗？

文人乙：因为他的《约伯纪事》拥有你们都没有的特质，那就是幽默。缺乏幽默的知识最终会带来蒙昧主义、教条主义和专制主义。这就是库图姆的好处，哪怕在启蒙面前他也没有完全地毕恭毕敬。他的书里聚集了所有元素：诸神、英雄与智者、牧师与贵族妇人、王公贵族与骑士等。正如他的死

1　指卡尔·阿诺德·库图姆（Karl Arnold Kortum，1745—1825）：德国医生与作家，讽刺史诗《约伯纪事》（*Die Jobsiade*）的作者。

亡朋友（Freund Hein）[1] 所言，您知道，正是他的这位朋友结束了第一本《约伯纪事》：

死亡朋友最为谨慎，
不会犯下任何微小的差错；
他将一视同仁，无论高低，
以最大的公正与公平。

他总是狡猾地潜伏，
无论在骑士或农民的身旁；
乞丐或是伟大的苏丹身旁；
裁缝或是鞑靼人的可汗。

他拿着锋利的镰刀，
向卑微的仆人或精致的贵族；
向雍容的夫人或挤奶的村妇；
他不分伯仲地将其捕获。

他对谁都一视同仁，不管

1　原文中"Freund Hein"是死亡的委婉语，17世纪以来就有用"Freund Hein"或"Gevatter Hein"来称呼死亡的传统。

是打结的领带还是皇冠；

是博士的礼帽还是鹿角；

不管任何人脑袋上的装饰。

他笔下的故事有千千万，

这几乎能让我们都疯掉：

一会儿是铁链，一会儿是瘟疫，

一会儿又留给我们一杯葡萄酒。

一会儿是审判，一会儿是子弹，

一会儿是凶恶的悍妇，一会儿是坚挺的大炮，

一会儿是救命的稻草，一会儿又是其他危险，

最后所有人都被上苍拯救。

最怪异的伊索寓言和最美的

举世闻名的希腊女神海伦，

可怜的约伯和所罗门王，

最终都被写入书中。

没有人能逃脱这里浮士德的诱惑，

无论是预言家诺斯特拉达姆士还是牧师大人。

　　　　　　　第二部分：广播谈话、广播剧与教育广播剧听觉模型

随着浮士德博士与梦想家施韦登堡，
他一路畅通无阻。

无论是俄耳甫斯，最伟大的琴师，
还是莫里哀，巴黎人的喜剧演员，
甚而还有杰出的画家阿佩尔，
死亡朋友都已悉数捕获。

顶峰的顶峰，前无古人后无来者，
回望人类的历史上寻找相似的案例，
却只能让死亡朋友在空荡荡的地方
找不到任何同类。

还有什么没有被他吞噬的东西？
这正是他接下来自不会忘的目标，
很遗憾！亲爱的读者，正是你！
最糟糕的是，甚至我自己！

——您觉得怎么样？

莫里茨： 他也许是个怪人。但是我感到很奇怪的触动，尤其是这个男人最终回到自身，回到自己的故乡。这是一直以来萦绕在我心中的最大渴念。我知道，先生们，你们不明白。但我想告诉你们一点我的童年回忆，在阴云密布的天空下它们仍会涌上我的心头。那时我十岁，当天空布满乌云，地平线愈渐模糊时，我就会感到一种焦虑不安，整个世界就像一张毯子般将我束缚，仿佛我住的小屋一样密不透风。当我恢复理智并从这个犹如拱形天花板般的阴郁中逃脱时，我又觉得这种痛苦本身对我来说微不足道，我又觉得它必须再次被另一种痛苦所裹挟，并且一直如此循环。

温格：我明白您的意思。如果不能让人们感受到归家的平静，而是不断地让人感到焦躁不安，那么被称颂的美好启蒙又能给人们带来什么帮助呢？

文人乙：在这方面库图姆做得尤其不错。他写了有关汉诺威的农民如何养蜂的论文，或是评论新路德派赞美诗集的优点，他还记录瘟疫中的防疫措施。

莫里茨：这才是正确的方法，人们本应如此。因为在一个哪怕地域辽阔的鼎盛王国里，一个人真正能容身一次的不过是一座城里的一栋小屋，不过是这栋小屋里的一间小居室。但这个地方像时间一样欺骗着人们。他相信自己活了多年，其实只活了片刻。他相信自己居住在一个国家乃至一座城市里，其实只住在他站立或躺着的那些地方，他住在他工作的房间里，住在他睡觉的房间里。

敲锣的声音。

主持人: "他睡觉的地方"——作为主持人我要把这句话记下来。带着这句话,我把刚刚大家听到的小团体送去睡觉了。现在我有几句关于德国的话要说,给诸位带来了这些声音。因为不管格雷修道院的副校长莫里茨先生怎么想,这里不应只有柏林的声音,还应有德国的声音。但他们不知道,正是因为德国睡着了,并且,它的居民阶级越低,它的睡眠就越深。所有德国人几乎还完全处于工业制造、家庭作坊和农业文化的标志之下,一切或者说几乎一切必要的东西都是在自己的居住范围内生产的。因此他们视野狭窄,精神独立,智识活动剧烈,但同时也有温暖的亲密感和高贵的自足感。有四分之三的人口完全居住在农村,而大多数城市只不过是大一点的农村或以农耕为主的城镇,像巴黎、伦敦或罗马这样真正的大城市在德国根本不存在。此外,这里没有真正的机器,只有类似于工具的机械装置,这意味着精确、丰富和便宜的商品生产无法成行。这里没有轻便、快捷和广泛的交通工具。但运输系统、跨国贸易和政治境遇的不稳定性被小业主和地方商业的巨大稳定性所抵消,其基础正是销售区域的稳定性、缺乏竞争以及生产资料和客户群体的一致性。那时的人们被召唤在他的整个生命形式中陷于白日梦式的幻想,正如他们今天被阻止的那样。从此，德国文学的古典时代开始了。当其他人开始流汗和奔跑时，当英国人为了追逐装满金条和胡椒的麻袋气喘吁吁时，当美国人准备着转型成为如今所是的思想贫瘠的信托大国时，当法国人为资产阶级在欧洲大陆的胜利奠定了政治基础时，德国人则睡了一个踏实、健康、清新的觉。

接下来"浪漫之声"将由"文人乙"的声音演员扮演。

浪漫之声：但它在这场睡眠中没有做过什么梦！

主持人：（稍有停顿）这个声音在我听来似乎很熟悉。

浪漫之声：我是认真的。虽然在来自柏林咖啡馆的烟草烟雾中，浪漫之声只能模糊地向您袭来，但是马上您就会明白我。

主持人：我想知道您的名字。

浪漫之声：我能想象，对您来说很容易将我与伯恩哈迪（Bernhardi）、赫尔森（Hülsen）或是史蒂芬斯（Steffens）联系到一起，更不用说诺瓦利斯[1]和路德维希·蒂克[2]了。但事实

---

1 诺瓦利斯（Novalis，1772—1801）：德国浪漫主义领军人物，尤其偏爱断片这一形式。
2 路德维希·蒂克（Ludwig Tieck，1773—1853）：德国小说家、翻译家与评论家。

上，浪漫之声没有名字。

主持人：浪漫主义的声音……

浪漫之声：……它来自克莱门斯·布伦塔诺[1]吹响的神奇号角；来自弗里德里希·施莱格尔最深刻的见解；来自诺瓦利斯断片中迷宫般的思绪；来自蒂克喜剧中能让小布尔乔亚们吓一大跳的哄笑声；来自波那文图拉（Bonaventura）夜晚守护的黑暗[2]。这就是为什么浪漫之声没有名字。

主持人：在我看来，只是这声音不想透露它的名字。它害怕暴露自己，它有充分的理由。我想向您推荐"让·保尔"这个名字，这是1800年前后深受德意志读者群体喜爱的名字，在所有写过小说的作家中，他是最深刻、最悲伤、最出其不意、最散漫、最不严肃的那一位。

浪漫之声：当某位诗人专注于教育事业而写作时，并不意味着他不专心。

主持人：您说的是"莱瓦纳"，您听听让·保尔是怎么描述这位年轻人的。您必须承认，他并不具备成为教育家的条件。他不过是一个无可救药的幻想家，仅此而已。

1　克莱门斯·布伦塔诺（Clemens Brentano，1778—1842）：与阿希姆·冯·阿尔尼姆（Achim von Arnim）共同收集和出版了德国民歌与诗歌合集《儿童的神奇号角》。

2　即克林格曼（Ernst-August Friedrich Klingemann）的作品《波那文图拉值夜》（*Nachtwachen des Bonaventura*）。

在锣声响起之前，"主持人"将平静地朗读以下令人费解的文字。在锣声响起之后，"文人乙"将用颇具感染力的独白声音继续朗读。

"他流下交织着喜悦和悲伤的泪水，他的心同时被过去和未来震颤着。太阳从天上落下的速度越来越快，他也越快爬上山顶，好将日落看得更久。在山顶，他俯视着麦恩塔尔村落，看它在湿润的阴影里熠熠发亮……在那里，被造物主调谐的大地正用它的千万根音弦发出声响，在那里，震动着……"

锣声响起。

文人乙："……同样的和谐，在变换着金色和黑色的溪流中明灭不定，在花蕊中嗡嗡作响，在充满人烟的空气和灌木丛中震颤。红霞染上东方，也染上西方，犹如羽管键琴展开玫瑰塔夫绸一般的双翼，海水澎湃着涌现，从无限敞开的天空，从无限敞开的大地……"

海因茨曼：或许是我听错了，温格先生，但是有人在里面大声读书。

温格：亲爱的海因茨曼，我终究会更好地认识莱比锡。我们到了，这是布莱特科普夫出版社的地下室，您可以看到这些带着新闻标题的广告牌。

海因茨曼：但是那么早，布莱特科普夫应该还没有开门。

温格：也许他们已经开门营业了，我们不妨等等吧，毕竟我们不是第一个听到里面传出朗读声的访客。

文人乙：（继续朗读）"在他的脚下，在这座山巅……"

温格：抱歉先生，如果我们打断了您诸位的话。

文人乙：温格先生，在莱比锡看到您可不意外，但非常高兴能见到您。

温格：学者先生，请允许我介绍一下身旁的这位生意伙伴，这是来自伯尔尼的海因茨曼先生……

听众听到相互问候的声音、欢笑的声音、低声交谈的声音等。

温格：我们打扰到你们了吗，尊敬的朋友？您在读什么呢？

文人乙：我在读我早上最喜欢读的东西——夜晚的祷告。

海因茨曼：这看上去一点儿也不像是夜晚的祷告书。

文人乙：它也不仅仅是一本晚祷书。

海因茨曼：不仅仅？

文人乙：它正是让·保尔的《赫斯珀洛斯》[1]。请您听听这

---

1 该书全称为《赫斯珀洛斯与四十五个狗邮差日》（*Hesperus und 45 Hundposttage*）。

个："他躺在山上，他脚下的这座山，犹如一个戴着皇冠的巨人，犹如一座春光葳蕤的孤岛，一个英式花园。南面的山峰和北面的山峰汇聚在一起，挽起一只摇篮，安静的村庄就在这里栖息，晨曦的霞光和黄昏的落日都为它铺上金色的面纱。五个熠熠发光的池塘，摇曳着五片漆黑的夜空。每一道浪花都在漂浮其上的日光中染上红宝石的颜色。在玫瑰与柳树的葱茏掩映中，两条蜿蜒的小溪流淌在狭长的草地上。洒水的油车驶过田间，犹如一颗奔走的心，被晚霞染红的水珠正涌向所有绿色的花瓶。到处都是鲜花，蝴蝶在丛中蹁跹。在每一条长满青苔的溪石上，在每根腐烂的木条旁，在每扇窗户的周围都有一朵花正芬芳。红蓝相间的猩红羽扇豆覆盖着一座没有围栏的花园，一片透明的金绿色桦树林越过高高的长草攀上了山峰的北面，山巅聚拢着五棵高阔的冷杉树，宛若一片堕落森林的废墟占据着它们的巢穴。"

稍作停顿后"文人乙"重新说道：

我很高兴，大家似乎都很享受。

温格：是的，您找到了一个很好的角落。我想，我们可以在这里静静地等待布莱特科普夫，如果你不介意的话，海因茨曼先生。

海因茨曼：可以，我不介意，让我介意的只有让·保尔。

伊夫兰德：若您听听他的作品，您就不会如此了……您知道《赫斯珀洛斯》里的格言吗？"尘世间是伟大的上帝之城里的死胡同，幽暗的房间里充满了来自一个更美丽世界的翻转或凝缩的图像：通向上帝创世的海滨；水汽的光环围绕着更美丽的太阳；不可见的分母之上的分子。千真万确，尘世什么也不是。"

海因茨曼：您还能背出来啊？

伊夫兰德：我并不为此感到羞愧。

海因茨曼："千真万确，尘世什么也不是。"您瞧，正是这样的表述让我对让·保尔失去兴趣。在我们瑞士已有太多这样异想天开的脑袋，我不需要您来和我谈论拉瓦特。

文人乙：一下子工夫，诗人就变成了骗子。

海因茨曼：我已经告诉您，在瑞士就是这么说的。我们是一个清醒的民族，但我们也是一个古老的民主国家。在我们看来，无数的小法庭正欺骗你们德国人，剥夺你们的独立性，尤其在让·保尔这里我们能深深地感受到这一点。一个发育不足的下等文人从他角色的骨头里吸取了骨髓。即使与最低贱的农奴相比，他们也显得不光彩。

伊夫兰德：不，这里我不想赞同您。因为我比任何人都清楚，我们的作家几乎没有什么理由会在资产阶级和贵族阶级的看法上和您有什么不同。我深知作家本人的痛苦，我也为柏林能拥有我的朋友莫里茨——应该说是我学习时代的同窗伙伴——而感到骄傲，正是他为让·保尔的第一本书找到了出版渠道。

文人乙：您刚刚说莫里茨先生是您的同窗？

伊夫兰德：是的，那时候您几乎不会注意到莫里茨。在我们一起上学的日子里，他最强烈的愿望就是成为一名伟大的演员。实际上，曾经有一段时间里，我们彼此是竞争对手。

听众听到一阵嘈杂的声音。

伊夫兰德：隔壁怎么如此吵闹。

文人乙：是博物馆俱乐部的年轻人们，我听说他们正在这里排练。

海因茨曼：如果我刚刚的话给您带来不适，我很抱歉。但是如果我们不借助书展来讨论我们的事业，商人先生，我不知道我们要等到什么时候才开始做这些。我必须告诉您，我们拥有多不可数的小说、美文或纯文学以及政治性的大话，我们缺什么呢？我们缺少自然学与历史，缺少历史与地理，缺少旅行日志。但是，所谓自然科学的作品不能是形而上学的或是描写琐碎的作品。我们拥有数量庞大的有关矿业和昆虫类的书籍。我们需要的是通俗文学。它们应该唤醒造物主的思想，唤醒自然世界的秩序和全能之力，它们应该向我们展示伟大、美丽与崇高。越将这些美好与崇高，与商业行为、日常生活、数学和力学紧密结合，就越好。

温格：照您这么说，如果我没有理解错的话，您所言的理想对象就是笛福那样的作家，除了他的《鲁滨孙漂流记》和其他两百本书之外，他还创办了第一家冰雹和火灾意外保险公司以及第一家储蓄银行。

海因茨曼：我们应当自豪，我们也有这样一位鲁滨孙式的作家，那就是怀斯神父（Pastor Wyss）和他的《瑞士鲁滨孙家庭》（*Der Schweizerische Robinson*）。但这不是我想要讨论的重点。因为坦白说，先生们，我已经动了点心思。在我的大衣口袋里此刻正躺着合我心意的理想作品，我想与你们诸位分享它。这是由一位未受过教育的贫穷之人写下的书，但是，正如一个游手好闲的漫游者所写的旅行记录比一篇学术论文的价值高出十倍一样，今天，当一位没有受过教育的贫穷之人坐下来描述他的生活时，也会出现一些真正特别的东西。

伊夫兰德：您让我们越来越好奇了。

海因茨曼：这正是我的意图。现在，我想有请伊夫兰德先生为我们朗读下面这一页内容。这是您很少谈及的文风，当然，除了您自己的文章，这就是我想说的。

温格：但您不打算告诉我们作者是谁吗？这折叠的小册子实在没有泄露任何信息。

海因茨曼：作者叫布莱克（Bräker），这本书由弗斯利（Füßli）出版并且被冠以《一位来自托肯堡穷人的生活传记与真实冒险》（*Lebensgeschichte und natürliche Abenteuer des armen Mannes im Tockenburg*）的书名。

伊夫兰德："牧羊人的生活没有纯粹的快乐！啊呸！完全没有！只有无休止的辛劳和痛苦。对我来说最难以忍受的，就是一大早得离开温暖的床铺，穿着破旧的衣服，赤脚走进寒冷的田野，尤其是遇到了严重的白霜，或者山上笼罩着浓雾时。要是这山太高而我来不及的话，那么羊群就无法食到新鲜的牧草，也无法晒到温暖的阳光；而我只能一边狠狠地咒骂，一边尽我所能地加快速度，穿越幽暗的浓雾重新来到平坦的河谷。但我取得了胜利，我赢得了太阳和广阔的天空，浩瀚的雾海围绕的群山犹如岛屿在我脚下，我的心中充满了怎样的喜悦和自豪！我一整天都没有离开山林，我的眼睛永远都看不够，太阳的光芒如何洒向这片雾海，一波波的雾浪以最奇异的形象在上面翻滚直到黄昏，它们蠢蠢欲动似乎要将我淹没。那时，我多么希望能拥有雅各的天梯（Jakobs Leiter），然而这不过是徒劳的幻想，我不得不离开这里。我变得悲伤，而周围的一切竟与我一样悲伤。孤独的鸟儿在我头顶轻轻地、忧郁地飞过，秋虫在我耳边低鸣，这声音如此忧郁，只叫我哭泣。然后，我几乎感觉比清晨更冷了，双脚僵痛仿佛鞋底的硬皮革。

大多数时候，我的身上总会带着些伤口或是青肿；每当一个伤口愈合时，总会有一个新的伤口出现，不是锋利的石头磨破了我的脚趾，就是什么工具割伤了我的手指。不把伤口包扎起来几乎也不会有什么问题，它们通常很快就会好起来。另外，我身边的羊群，正如我说过的，总让我非常恼火，它们给我带来了很多麻烦，因为我不知道如何管教它们。"

听众再次听到嘈杂的人声，这次更为猛烈。

伊夫兰德：这声音简直让人无法忍受。我们稍稍等待一会儿，那样也许更好。

听众听到开门声，随后传来两个陌生的声音。

牧师：我很高兴您心情那么好，我又得因为一些芝麻绿豆的小事来麻烦您。

守林人：麻烦我？怎么说？为什么？什么事？

牧师：您现在应该已经习惯，每当我来找您的时候，总是因为别人的事情需要恳请您的帮忙。

温格：但我亲爱的朋友伊夫兰德，这不正是……这俩人不正是……

伊夫兰德：是的，我也不敢相信我的耳朵。

温格：是《猎人》（*Die Jäger*）[1]！

伊夫兰德：没错，正是第二幕第七场，讲的是好人如何行善。

温格：但他们是业余爱好者吗？也许是小型的私人剧团？

伊夫兰德：嘘，请您仔细听。

牧师：这位可怜的老人有一个病中的妻子和许多孩子。他的命运是如此骇人，年轻的时候是一个轻骑兵，几乎被打成残废，没有退休金，年老的时候却被遗弃，他已经走投无路了。

守林人：真是个可怜人。

牧师：如果我们能帮他挨过这个寒冬——这也是我此行为他募捐的主要目的。

守林人：上帝保佑您，也加上我一份。谁能因救急而马上掏钱，掏的就是双倍的善意。

1　伊夫兰德创作于 1785 年的戏剧。

牧师：哦够了，这可太多了。

守林人：这个冬天很冷。

牧师：这实在是太多了，最好少捐些钱，而捐些木柴。

守林人：这些木头都属于侯爵大人，这钱却是我自己的。今晚我要睡个安稳觉，看在上帝的分上，要是拿了这些木头，除非您想让我永远长眠。

牧师：上帝保佑，我们离那还很远，这是肯定的。为什么不想想呢？真的，一个人一定活得很好，不被这种想法打扰是多么快乐的事啊。尽管如此，生命的价值依然不减。

守林人：当有人费尽心机地描述生活和世界有多么黑暗和冷酷的时候，总是让我的灵魂痛苦不堪。

牧师：人的一生包含着各种各样的幸福。我们应该及早接受教育，不要手高眼低，不要停止思考。能在一个良好的家庭出生和成长是一种极致的幸福，而遭遇不幸的倒霉事儿也是另一种幸福。父亲的尊严是我所知的最初也是最高贵的幸福。一位人道主义者、一位良好市民、一位充满爱意的丈夫与父亲，以及……

声音突然中断。

海因茨曼：看到没有，他进去了。

温格：这个好心人现在要训练这些优秀的莱比锡孩子们表

演《猎人》，在仪式表演中，人们或许会听到他们介绍说：由伊夫兰德执导。

文人乙：我知道，温格先生，您和伊夫兰德先生走得很近。但是，我还是想就我们俩之间私下问问您，您真的能够忍受这些吗？人们还能够忍受这些有关人性和仁爱的长篇大论吗？您难道不会偶尔对这种美德感到厌倦吗，这种没有实质内容只是出于本能的心地善良？我时常就会有这样的感受，尤其当我在报纸上读到哪个凶手如何温柔地善待他的猎狗或马匹的时候。

海因茨曼：有件事您无论如何都是对的。在这些作品中炫耀的仁慈与博爱，都阻碍了其他更美好的感受。

温格：您可以说科策布也是如此。但是您把我的朋友伊夫兰德和那个三流作家混为一谈，实在太不厚道了。

文人乙：我们放过伊夫兰德吧。如果您不反对的话，我还欠科策布先生一声道谢。您读过他那本可怕的《英国的印第安人》(*Die Indianer in England*) 吗？如果人们想真正了解康德的绝对律令说的是什么意思，它意味着某种钢铁般的，能够把其他所有次要条件都抛弃的约束法则；它不仅只是道德法则，而是每一个诗性品格的内在强健支撑。对此，我们只需要看看那些著名的剧作家们用在德国舞台上的软体动物们。

温格：不管如何，我们有时候真应该问问自己，我们究竟在德国为谁工作，尤其当柏林的人们还能够将废纸卖来卖去的今天。

文人乙：我听不懂先生您在说什么？温格先生。

温格：售价12格罗申。您没看到吗？那本杂志上齐聚着歌德、席勒、科策布和伊夫兰德呢。

文人乙：真是荒谬！但您是对的。这件事上还有更让人悲伤的一面，那就是人们只把科策布、歌德和席勒看作竞争对手，而从未感觉到他们是如此真实的、危险的、至死无法和解的敌人。

温格：您忘记了《讽刺诗刊》[1]。

文人乙：《讽刺诗刊》？《讽刺诗刊》？您和我都深知，它们有多失败，而这都算是委婉的说法了。

海因茨曼：我不能与您感同身受，毕竟，您必须接受读者的现状。您知道，我已经风雨无阻地参加了二十年来的书展，从未缺席。在那儿，人们可以和各式各样不同的人交谈，也能时不时听到一些不属于大钟下的事情。您知道歌德1787—1790年期间在格申（Göschen）出版社出版的作品合集有多少订购单吗？我在书展上得到的数字是六百份。至于他的单行本，据说销售情况更加糟糕，《在陶里斯的伊菲革涅亚》

---

1 《讽刺诗刊》（*Xenien*）：歌德与席勒的合作刊物，主要为了回应围绕在席勒《季节女神》（*Die Horen*）的负面评价。

（*Iphigenie*）与《哀格蒙特》（*Egmont*）只有三百份订单，更不用说《克拉维戈》（*Clavigo*）和《铁手骑士葛茨》（*Götz*）了。

温格：我亲爱的朋友，您也不能全归咎于读者。您知道我们面临着多少来自盗版书的压力吗？每一本正版书的后头都紧跟着十本乃至二十本非法盗印的书。

海因茨曼：那我想告诉您另外一件事，这次在我回来的路上，我在克特兹纳赫待了一夜。去年，我的朋友凯尔 [1] 在那里出名了，因为建起了一座借阅图书馆，里面有席勒、歌德、莱辛、克洛普施托克（Klopstock）、维兰德（Wieland）、盖勒特（Gellert）、瓦格纳（Wagner）、克莱斯特（Kleist）、霍尔蒂（Hölty）、马特松（Matthisson）等。是的，都是没人想读的东西。用毕尔格的话来说，读者与大众之间是有区别的。

文人乙：除非我们结束了尼科莱、伽尔韦、比斯特、格迪克他们顽固而自命不凡的统治，[2] 否则我们将无法自由地呼吸。并且正如那些自称为柏林诗人的人们所言，已经把施莱格尔和诺瓦利斯放回到他们原来的位置。

海因茨曼：您还是那么爱开玩笑。

1　凯尔（全名 Ludwig Christian Kehr，1775—1848）于 1797 年在克特兹纳赫开设了一家可借阅图书馆，他后期也从事翻译书籍与盗版书籍的出版工作。

2　本雅明在此举例了大致能够代表启蒙运动的人物：Friedrich Nicolai（1733—1811）、Christian Garve（1742—1798）、Johann Erich Biester（1749—1816）与 Friedrich Gedike（1754—1803）。

文人乙：没有斗争，就没有胜利。既然席勒与歌德不愿彼此斗争，我们就要把希望寄予下一代年轻人身上。

海因茨曼：无论如何，我可以为您展示一个年轻人战略艺术的技巧实例。弗里德里希·施莱格尔曾经认真考虑过，可否通过免费的姜饼作为随刊附赠而促进《雅典娜神殿》（*Athenäum*）的销售。

温格：非常现代的想法。但相比之下，席勒就显得更为马基雅维利化。当《季节女神》出现滞销危机的时候，他建议科塔在该杂志的最后一期加上一篇包含危害国家言论的文章，使其以一种荣耀的方式走向灭亡。

海因茨曼：先生们，我不能说我们坐在这里很舒服，至少我感觉到我的骨头好似散架。很难想象布莱特科普夫会在中午前来上班，我们大概等不到他了。现在，我们散步前往里希特咖啡馆可好？

听众听到锣鼓声、喇叭声以及高声的呼喊。

叫喊声：各位尊敬的书展来宾，由衷感谢诸位书业同仁、出版界同仁、奇书收藏家，各位学者、牧师以及所有嘉宾，我们宣布本次由柏林皇家科学院的豪德（Haude）先生和斯佩纳（Spener）先生委托的珍本图书拍卖会即将在银熊书店盛大开始。

温格：正合我意，我不妨就去银熊书店享用早餐。

文人乙：希望您在第一场图书拍卖会上就能有所收获，商人先生……海因茨曼先生，我得和您告别了，请多多保重，我们后会有期。

拍卖师：《关于马尔西·安奈·卢卡尼·法萨利亚的政治和道德论述》(*Politische und moralishe Diskurse über Marci Annaei Lucani Pharsalia*)，由勃兰登堡秘密委员会成员、萨克森州哈勒大学的校长维特·路德维格·冯·塞肯多夫(Veit Ludwigs von Seckendorf)先生所作，以一种奇异的新风格将马尔西·安奈·卢卡尼·法萨利亚有关政治和道德的论述译成德语，并且在每一页上都对照地排列着拉丁语原文，同时还附上了对晦涩难懂的拉丁文格言的阐释与笺注以及必要的索引，1695年的莱比锡版……

一位竞拍者：18格罗申。

温格：现在的图书不可能印上作者这样的头衔，现如今无论是出版方还是作者本人都不想让书上出现这样的标题。

听众听到竞拍槌敲击的声音。

拍卖师：第211号拍品，《君主之鉴》，一本关于反马基雅维利或者说关于君主艺术的作品，斯特拉斯堡1624年的版本。

另一位竞拍者：一个塔勒！

温格：1577年的拉丁版已被认为十分罕见，但德语版就更鲜为人知，更为珍贵了……两个塔勒！

另一位竞拍者：两个塔勒再加10格罗申！

温格：三个塔勒！

拍卖师：三个塔勒一次，三个塔勒两次，三个塔勒三次。

听众听到竞拍槌敲下的声音。

拍卖师：请问拍下的先生是？

温格：来自柏林的书商约翰·弗里德里希·温格。

拍卖师：第212号拍品，约翰·沃尔夫冈·冯·歌德作品集，莱比锡格奥尔格·约阿希姆·格申出版社版本的1787—1790年的歌德作品集。很遗憾我们没有这套漂亮的丛书的完整版，今天要竞拍的是其中的第七卷。

温格：第七卷，哦天呢！那不正是著名的学者……

一声锣响。

19世纪之声：是《浮士德》！德国市民阶级的世界传奇，

始于世俗的舞台，终于天堂的序曲；始于地狱魔鬼的黑色魔术，升华至尘世魔鬼的君主艺术；始于幻象，终于声响。那里上演着小小的狂欢节木偶戏，却展示了德意志市民阶级的苦难与耻辱，舞台上伴随着历史的故事，其中的核心就是来自古代的形象，是海伦和斯巴达宫殿。

主持人：小声些！您怎么能够比我还大声呢？

19 世纪之声：我是"19 世纪"并且早就超过了在场的所有人。我才是最伟大的，尽管人们只看到我全貌的四分之一。我是如此受欢迎，当然有权在这里接受大家的致意。

主持人：那么您认为人们应该如何问候您？我想我们此刻正在谈论歌德。

19 世纪之声：我看你还在上学。歌德如此形容我道："现在一切都是极端（*ultra*），一切都是不可避免的超越。思想如此，行动亦如此。人们不再理解自己。人们不再理解那些撼动他们并产生影响的要素，人们不再理解他们所面对的材料。财富和效率是世界最高的价值并让每个人都为之奋斗。铁路、快递、蒸汽轮船以及所有可能的交通设施正是高度发达的世界所寻求的，它们也使得世界过度发达，从而走向一种平庸。严格来说，这是一个能力者的时代，对于思想简单、追求实际的人来说，很容易感受到超乎常人的优越感，即使他们并没有超乎常人的天赋。让我们尽可能保持我们与生俱来的态度；我们将会——或许和其他一小部分人一起——成为一个已经远去的、不会很快归来的时代最后的幸存者。"

主持人：您没有理由为这样的形容感到骄傲吧。

19 世纪之声：我赢得了荣誉。我传播了一种中庸文化，正如歌德所预言的那样。

主持人：中庸文化？只要你的 19 世纪还没结束，德国人都不会打开他们民族最伟大的诗集。前不久，科塔卖掉了出版社仓库里最后一套《西东合集》(*Westöstlicher Divan*)。

19 世纪之声：它们太贵了。我为人们带去了更多市场上触手可及的读物。

主持人：应该说，为那些没有时间阅读的人们。

19 世纪之声：但同时，我的世纪赋予了精神比阅读更快捷的交流手段。

主持人：换句话说，您的世纪创造了争分夺秒的暴政，而我们此刻正在这里感受它的危害。

听众清晰地听到秒针的滴答声。

19 世纪之声：歌德本人也欢迎这种记录时间的方式并建议他的子孙后代要以此为刻度。

时钟的滴答声之后传来一阵节拍声，并唱道：

一个钟头有六十分钟，

一天已经超过了一千分钟，

明白这个道理啊，孩子们，

就知道人可作多少贡献！

🎙 播出信息：

1932 年 2 月 16 日在柏林广播电台播出。

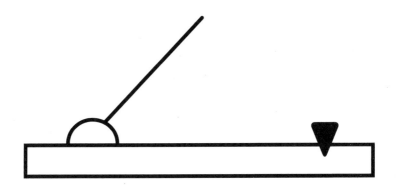

DRITTER HAUPTTEIL
Kritiken zum Rundfunk

第三部分

关于广播的反思

儿童教育广播剧听觉模型

　　教育广播剧模型指的是那些旨在将教育孩童作为基本目标的示范性广播剧。它们以日常生活中的典型情景作为教学主题，教学方法就是为孩子们展现这些情境主题中正确与错误的处理方法之间的比较与差异。

　　作为主持人的播音员在这类模型广播剧中会出现三次：首先，他向听众们介绍本期节目要涉及的主题，然后向听众们介绍在广播剧前半场会出场的两位搭档，他们将在前半场作为剧中演员从反面来展现主题——人们如何避免错误的做法。主持人会在前半场结束时再度登场，并点明在迄今为止的广播表演中演员们犯了哪些错误。接着，播音员会向听众们介绍即将在广播剧后半场出现的一位新人物，这位新演员将展示如何正确应对相同的情况。最后，主持人将错误的处理方法与正确的处理方法进行比较，并以此来达到教育目的。

　　也就是说，每一期教育广播剧模型中出现的声音不会超过四人：（1）主持人的声音；（2）在前半场和后半场展现相同主题的同一个演员的声音；（3）与前者搭档并在前半场作为笨拙伙伴的演员声音;(4)在后半场作为聪明伙伴的另一位搭档演员的声音。

在 1931 年至 1932 年间，法兰克福广播电台已经推出了三种教育广播剧模型：

1.《"加薪？你究竟在想什么呢！"》

2.《这个小男孩在撒谎！》

3.《你能帮我到周四吗？》

在第一个教育广播剧模型中，听众们将听到一位笨拙的员工和一位聪明的员工如何与他们的老板进行薪资谈判。在第二个教育广播剧模型中，听众们将听到一个十岁小男孩撒的"小谎"。在前半场中，他父亲的严厉审问逼迫着他变本加厉地撒了越来越多的谎话；而在后半场中，他的母亲展示了如何在不激怒小男孩的情况下让他反省自己的顽皮。上述第三个教育广播剧模型要面对的问题是，一个男人向他的朋友恳求金钱上的帮助却遭到拒绝的笨拙行为，而另一个男人在相同情况下却有更灵活的处理办法。

大众普及的两类方式
——广播剧的基本原则

对于读者来说，广播剧《当德国古典作家写作时德国人在读什么？》是试图探讨无线电广播与大众普及之间深刻关系的绝佳范例，而这种大众普及性也正是无线电广播在文学领域中应当致力追求的目标。对于广播的所有革命性方面来说，它是或者应该是最具创新性的，这与我们对大众普及的理解有关。传统的旧观念总是认为，具有大众普及性的表达方式，无论它多么有价值，都只有次要的衍生价值。这很容易理解，因为在广播收音机发明之前，几乎没有什么出版形式是实际以大众普及或大众教育作为目的的。尽管我们有书籍、讲座以及报纸杂志，但这些传播方式与专家圈子中相互交流学术研究进展的传播形式没什么不同。因此，大众的表达方式在过去不得不采用学院的形式，并且不得不放弃自身独特的方法论属性。它被深深地束缚在这样的条条框框之下，为某些知识领域中的相关内容或多或少地套上一种吸引人的形式作为包装，在某些情况下将其与共同经验和常识联系起来。这样造成的后果就是：经验的传达并非总是直接性的，而是通过间接的二手途径。大众化普及是一种低等的技术，只要看看针对它的公共性评价就能深知这一点。

无线电发明之后最为瞩目的成果之一，就是看到广播如何深刻地改变了上述陈见。凭借着其自身开创的技术可能性，那就是在同一时间与不可计数的广大民众进行实时交流的能力，大众普及超越了其善意的人道主义意图，并转变为一项拥有自身形式规则和艺术法则的志业。在这方面，它的飞速发展一点也不逊色于过去几年中广告技术的突飞猛进。就经验而言，它意味着：传统的大众普及路径建立在可靠的科学基础之上，并以相同的方式宣称科学自身同样推动着大众普及化的发展，但是省略了更为艰巨的思想路径。这种大众普及方式究其本质而言就是这样一种省略，从某种意义上说，这种大众普及的推进方式无异于教科书的版面编排：正文部分用醒目的大号字体排印，附加部分则用缩小字体。然而，广播媒介的志向在于寻求更为广泛、更为强烈的大众普及程度，当然无法满足于上述途径。它需要从大众相关性的角度出发，对材料进行彻底的改造和全面的革新。因此，它无法满足于用瞬时的刺激来吸引听众的兴趣，只给好奇的听众提供他们能够在所有历史悠久的演讲厅中都能听到的陈词滥调。相反，广播媒介需要去说服听众相信他们自己的价值，让他们相信就客观材料而言他们的自身兴趣本身就具有客观价值；他们的疑问，哪怕没有被广播室内的麦克风说出来，也将唤起新的科学探索。由此，以往盛行的科学与大众普及之间的外在关系被这种新的形式所改变，被一种科学内部或许无法生成的方式所取代。因为我们所探讨的是这样一种大众普及，不仅科学出于群众的立场而调动自身，它也在科学的方向上发动群众。总而言之，真正的大众兴趣总是非常活跃而充满生机，它能改变构成所谓知识的材料，也能影响对科学自身的追求。

这些教育工作的形式越是活泼生动，对这种教育需求的认知就越是深刻，那就是作为真正生动的知识展开，而非抽象的、无从验证的、归纳总结的铺陈。因此，上述所言尤其适合广播剧，因为它本就具备教育的特质。就文学性而言，广播剧不可能仰仗各种语录摘抄以及对各种作品选段和通信断篇的挪用，以某种工匠艺术把所谓的对话胡乱地拼凑在一起；它也不可能拥有憨蛮的勇气，让歌德或克莱斯特在麦克风前朗读编剧写好的脚本。因为这两条路都行不通，所以只有一条路径可行：直接处理科学性的问题。这正是我尝试创作广播剧的缘由。[1] 在这里，代表德意志精神的英雄人物并不会直接出场，播音员也不会往听众的耳朵里强行灌输尽可能多的

1　参见本雅明：《当德国古典作家写作时德国人在读什么？》。

作品摘录，它们都似不甚合适的做法。为了获得足够的深度，就得有意地从浅显的表层出发。其目的是向听众展示事实如此普遍又如此毫无必要的东西，以至于引起了这种类型化：并不是说文学内部，而是就日常中关于文学的讨论。正如人们平日里能够在咖啡馆、书展博览会、拍卖会以及散步途中能听到的那样，这些对话以变幻莫测的讨论节奏，穿插着有关诗歌流派、报纸杂志、审查制度、图书交易、青少年教育与借阅图书馆、启蒙运动与愚民政策等主题而展开。此类对话也与当下最进步的文学研究所关注的问题密切相关，那就是更加深入地探讨影响文学创作的历史因素。在这里，有关图书价格、报刊文章、讽刺文章以及最新出版物（它们本身就是人们能够想到的最为日常浅显之物）的争论得以重新审视，这项工作本身就是科学研究中最为表层的基础任务之一，因为从很大程度上来说，任何所谓创新的后续创造都需要建立在有据可查的事实追溯上。简而言之，这部有争议的广播剧力图与最近所谓的大众社会学的研究态势保持紧密的联系。若这部广播剧能够——无论出于什么样的原因——像吸引普通外行那样同样吸引到专家学者的注意，那就是它最大限度的成功。由此，一种关乎新的大众普及的概念似乎也获得了最简单明了的定义。

剧场与广播

——论两者教育功能的相互控制

剧场与广播，对这两类机构不偏不倚地思考未必能带来
某种和谐感。诚然，这两者之间的竞争关系并没有收音机和
音乐厅之间的那么激烈，我们仍然已经听了太多关于广播势
力的不断扩张以及剧场危机的不断加剧，以至于无法想象两
者之间的合作。但是，它们两者的合作依然可能，并且已经
存在相当长的一段时间。就目前的情况来看，这种合作还仅
限于教育领域。最近，西南德意志电台就以极大的热情发起
了此项合作，该电台的艺术总监恩斯特·舍恩是最早关注布
莱希特及其文学和音乐上的伙伴关于近期作品的讨论的人之
一。这并非出于偶然，因为上述谈及的那些作品诸如《林德
伯格的飞行》（*Der Lindberghflug*）、《巴登的教育剧》（*Das
Badener Lehrstück*）、《说"是"的人》（*Der Jasager*）、《说"不"的
人》（*Der Neinsager*）等，都具有明确的教育性质，它们以一
种完全独创的形式在剧场和广播之间搭起了桥梁。这些形式
新颖的节目很快就证明了它们拥有牢固的可行性基础，拥有

类似结构的广播系列节目诸如伊丽莎白·豪普特曼（Elisabeth Hauptmann）的"福特"（"Ford"）也很快在校园广播中播出，讨论人们在日常生活中碰到的问题：养育和教育孩子的方法、职场成功的秘诀、婚姻生活中的困难等。它们都以正面案例和反面案例的演示以及辩论的方式，平易近人地呈现在听众耳畔。得益于法兰克福西南德意志广播电台（以及柏林广播电台）的支持，瓦尔特·本雅明与沃尔夫·祖克尔能够共同创作教育广播剧模型。这些具体工作的广泛展开能够帮助我们更加仔细地审视这些创作背后的原则，有助于避免被民众误解。

这种审视工作中首先不容忽略的是摆在我们面前显而易见的问题——技术。我们应该将所有其他的敏感问题置于一边，首先坦率地承认以下事实：与剧场相比，广播所代表的媒介不仅拥有更新颖的技术，还拥有更高的曝光率。虽然，广播无法像剧场那样让大众重回古典时代，但它却被更为广泛的群众所拥护。更为重要的是，构成其设备基础的物质因素与构成其节目基础的思想因素紧密地结合在一起造福听众。而剧场能为大众提供什么呢？通过真人作为媒介，仅此而已。或许剧场所面临的危机正源于以下这个最重要的问题：舞台上的真人表演对戏剧有什么决定性的作用呢？作为回应，出现了两种截然不同的答案：一种是保守的，一种是进步的。

第一种观念认为，完全没必要把这场危机当回事。在这种观念看来，整个世界仍然和谐有序，没有浮云遮蔽，而人就是和谐世界的表征。人正处于权力的巅峰，作为创造万物的神，具有举足轻重的意义（哪怕他只是普通的工薪阶级）。他们的权力范围就是今天的文化界，在这里他们以"人"的名义进行统治。这些傲慢而自满的剧场，对自己的危机和对世界的危机一样漠不关心。此类资产阶级上流剧院（然而其中最显赫的巨头最近已经倒闭），无论它选择以新式的现代平民剧还是奥芬巴赫（Offenbach）式的歌剧继续营业，都免不了把自己标榜为一种"象征"，一种"总体"，一种"综合艺术"。

这里描述的正是剧场一边使观众受教育一边使观众分心的两种特质，它们看上去似乎互相矛盾，但在所有事物都能够成为某种刺激因素的经验饱和领域，这两种现象是互补的。然而，倘若剧场也想装备起复杂的机械和大量的其他设备，以此与价值百万马克的电影产业竞争，也终究毫无胜算。哪怕剧场中的剧目将所有时代和世界的每一个角落都搬上舞台，也依然徒劳无益。因为广播和电影院正运用更为精巧的设备，却能同时容纳来自中国的古老戏剧和超现实主义的最新实验。因此，让剧场去与广播和电影所调用的技术竞争，是一件毫无意义的事。

但是，这里引出的相关讨论却并非毫无意义。最重要的是，这正是我们对进步的戏剧所期望的。布莱希特是第一位将其理论化的人，他称之为"史诗剧"。这类剧非常写实，尤其在技术层面。这里无法对史诗剧的理论进行详述，更无法详细阐述"史诗剧"中姿态（Gestus）的发展和结构如何无异于一种蒙太奇手法的转换，后者对广播和电影来说都至关重要，正是在这里，蒙太奇手法从一项技术事业转变为一项人类事业。可以说，史诗剧的原则就和蒙太奇的原则一样，都是基于"中断"的原则。只是在史诗剧这里，中断不只是一种刺激手段，还是一种教育工具。它让演出暂时停顿，并在此间迫使观众从批判的立场看待剧情的发展，同时迫使演员也批判地看待自身扮演的角色。

史诗剧同样迫使戏剧总体艺术迎接来自实验性戏剧的挑战。它以全新的方式延续了戏剧最古老的使命和愿景——将一切现存曝光。史诗剧的实验围绕着处于当前危机中的人，那些被广播和电影所忽略的人，说得激进一些，那些在技术传输中作为"第五个轮子"[1]的人。这种残酷筛选的结果就是它们呈现出那些被砍掉特质、被平均化了的人。因此，并不是在舞台表演的高潮中，并不是美德与勇气让情节发生变化，而是在那些完全习以为常的行为过程中，在理性与实践中发生

1　"第五个轮子"，即多余的人或物。这种说法起源于16世纪的法国，当时的人们认为四轮马车如果多一个轮子，不仅不会跑得更快，还会阻碍行进。

情节的突变。通过聚焦于人类活动中最细微的行为元素出发来构建亚里士多德传统戏剧理论中的"行动"（"action"）要素，这就是史诗剧的意义所在。

史诗剧用训练取代教化，用集体取代消遣，以此来对抗传统戏剧。至于后者，任何关注广播行业变革的人都不会对以下事物感到陌生，那就是最近涌现的致力于通过社会阶层、文化兴趣和生活环境等方面来狭隘地定义不同听众群体的尝试。同样的，史诗剧也在致力于培养一批志趣相投的听众群体，他们不会受到评论与广告的影响而保持独立的思考，并且渴望看到自己关注的事物（包括政治方面）能够经由一支训练有素的团队通过一系列的"行动"（上述意义上的）得以呈现。值得注意的是，这种发展趋势使一些较为古老的戏剧（例如《爱德华二世》[Eduard II]和《三分钱歌剧》[Dreigroschenoper]）经历了脱胎换骨的转变，而一些较为新式的戏剧（例如《说"是"的人》和《说"不"的人》）则因此而面临非议。这或许能帮助我们理解用（判断力上的）"训练"取代（知识上的）"教化"意味着什么。广播尤其要利用已有的文化产品对它们进行改编，这不仅意味着要紧跟技术发展的步调，也要满足当代听众的期待。只有这样，作为技术的广播才能摆脱（如舍恩所说的）"庞大的大众教育工厂"的光环，调缩和简化成一种适合于人类的程式。

附录：本雅明广播年表

1.《青年俄国作家》，广播谈话，法兰克福，1927年3月23日，文稿丢失。

2.《尤利恩·格林的小说》，"图书时刻"节目上的广播谈话，法兰克福，1929年8月14日，文稿丢失。

3.《儿童文学》，广播谈话，法兰克福，1929年8月15日，收入《本雅明全集》。

4.《罗伯特·瓦尔泽作品诵读》，广播朗读，法兰克福，1929年8月20日，文稿丢失。

5.［自己的作品诵读］，广播朗读，法兰克福，1929年9月4日，文稿丢失。

6.《约翰·彼得·黑贝尔》，"图书时刻"节目上的广播谈话，法兰克福，1929年10月29日，收入《本雅明全集》。

7.《纪德的召唤》，广播谈话，法兰克福，1929年10月31日，收入《本雅明全集》。

8.［与柏林相关的题目，具体题目未知］，青少年广播，柏林，1929年11月9日，文稿丢失。

9.［与柏林相关的题目，具体题目未知］，青少年广播，柏林，1929年11月23日，文稿丢失。

10.［与"传说与冒险"主题相关的题目，具体题目未知］，青少年广播，柏林，1929年11月30日，文稿丢失。

11.《柏林木偶剧场》，青少年广播，柏林，1929年12月7日，不详。

12. ［与柏林相关的题目，具体题目未知］，青少年广播，柏林，1929 年 12 月 14 日，文稿丢失。

13.《桑顿·怀尔德与欧内斯特·海明威的作品》，"图书时刻"节目上的广播谈话，法兰克福，1929 年 12 月 15 日，收入《本雅明全集》。

14.《街头素描》，广播朗读，法兰克福，1929 年 12 月 16 日，不详。

15.［与柏林相关的题目，具体题目未知］，青少年广播，柏林，1930 年 1 月 4 日，文稿丢失。

16.《巴黎的脑袋》，广播谈话，法兰克福，1930 年 1 月 23 日，收入《本雅明全集》。

17.《弗里德里希·希博尔格的论文"上帝在法国？"》，"图书时刻"节目上的广播谈话，法兰克福，1930 年 1 月 24 日，收入《本雅明全集》。

18.［与柏林相关的题目，具体题目未知］，青少年广播，柏林，1930 年 2 月 1 日，文稿丢失。

19.［与柏林相关的题目，具体题目未知］，青少年广播，柏林，1930 年 2 月 8 日，文稿丢失。

20.［与柏林相关的题目，具体题目未知］，青少年广播，柏林，1930 年 2 月 15 日，文稿丢失。

21.《神魔般的柏林》，青少年广播，柏林，1930 年 2 月 25 日，收入《本雅明全集》。

22.《柏林的流浪汉》，青少年广播，柏林，1930 年 3 月 7 日，收入《本雅明全集》。

23.《柏林玩具之旅Ⅰ》，青少年广播，柏林，1930 年 3 月 15 日，收入《本雅明全集》。

24.《柏林玩具之旅Ⅱ》，青少年广播，柏林，1930 年 3 月 22

日，收入《本雅明全集》。

25.《E. T. A. 霍夫曼与奥斯卡·帕尼扎》，广播谈话，法兰克福，1930 年 3 月 26 日，收入《本雅明全集》。

26.《罗伊特的〈舍尔穆夫斯基〉与库图姆的〈约伯纪事〉》，"图书时刻"节目中的广播谈话，法兰克福，1930 年 3 月 28 日，收入《本雅明全集》。

27.［与柏林相关的题目，具体题目未知］，青少年广播，柏林，1930 年 3 月 29 日，文稿丢失。

28.《波尔西克》，青少年广播，柏林，1930 年 4 月 5 日，收入《本雅明全集》。

29.［与柏林相关的题目，具体题目未知］，青少年广播，柏林，1930 年 4 月 12 日，文稿丢失。

30.《西奥多·霍斯曼》，青少年广播，柏林，1930 年 4 月 14 日，收入《本雅明全集》。

31.《对喜剧作家的建议：维尔海姆·施派尔与瓦尔特·本雅明》，广播对话，法兰克福，1930 年 5 月 9 日，收入《本雅明全集》。

32.《职员：德国的最新风尚》（克拉考尔作品），"图书时刻"节目上的广播谈话，法兰克福，1930 年 5 月 11 日，文稿丢失。

33.《参观铜制品》，青少年广播，柏林，1930 年 5 月 24 日，文稿丢失。

34.《本周故事》，广播朗读，柏林，1930 年 6 月 22 日，文稿丢失。

35.《关于斯特凡·格奥尔格的新闻》，广播谈话，法兰克福，1930 年 6 月 23 日，文稿丢失。

36.《贝尔托·布莱希特》，广播谈话，法兰克福，1930 年 6 月 24 日，收入《本雅明全集》。

37.《参观黄铜制品》，青少年广播，柏林，1930 年 7 月 1 日，收入《本雅明全集》。

38.《参观黄铜制品》，青少年广播，柏林，1930 年 7 月 12 日，收入《本雅明全集》。

39.《猎巫审判》，青少年广播，柏林，1930 年 7 月 16 日，收入《本雅明全集》。

40.《司机的生活》，青少年广播，柏林，1930 年 9 月 20 日，文稿丢失。

41.《梅斯沃维采—布伦瑞克—马赛：大麻迷醉之旅》，广播朗读，法兰克福，1930 年 9 月 22 日，文稿丢失。

42.《德意志早期时代的盗贼们》，青少年广播，法兰克福，1930 年 9 月 23 日，收入《本雅明全集》。

43.《真实的狗故事》，青少年广播，柏林，1930 年 9 月 27 日，收入《本雅明全集》。

44.《德意志早期时代的盗贼们》，青少年广播，柏林，1930 年 10 月 2 日，收入《本雅明全集》。

45.《吉卜赛人》，青少年广播，柏林，1930 年 10 月 23 日，收入《本雅明全集》。

46.《走私犯们》，青少年广播，柏林，1930 年 11 月 8 日，收入《本雅明全集》。

47.《卡斯帕·豪泽尔》，青少年广播，柏林，1930 年 11 月 22 日，收入《本雅明全集》。

48.《过去和现在的笔迹学》，广播谈话，法兰克福，1930 年 11 月 23 日，文稿丢失。

49.《卡斯帕·豪泽尔》，青少年广播，法兰克福，1930 年 12 月 17 日，收入《本雅明全集》。

50.《工作的循环传送》，广播谈话，法兰克福，1930 年 12 月

29 日，不详。

51.《走私犯们》，青少年广播，法兰克福，1930 年 12 月 31 日，收入《本雅明全集》。

52.［主题与题目不详］，青少年广播，柏林，1931 年 1 月 16 日，文稿丢失。

53.《司机的生活》，青少年广播，法兰克福，1931 年 1 月 17 日，文稿丢失。

54.《浮士德博士》，青少年广播，柏林，1931 年 1 月 30 日，收入《本雅明全集》。

55.《"加薪？你究竟在想什么呢！"》（与沃尔夫·祖克尔合作），教育广播剧听觉模型，柏林，1931 年 2 月 8 日，收入《本雅明全集》。

56.《西奥多·诺依霍夫，科西嘉王国之王》，青少年广播，法兰克福，1931 年 2 月 11 日，文稿丢失。

57.《卡里奥斯特罗》，青少年广播，法兰克福，1931 年 2 月 14 日，收入《本雅明全集》。

58.《图书日：从手稿到十万，恩斯特·罗沃尔特与瓦尔特·本雅明的谈话》，广播对话，法兰克福，1931 年 3 月 22 日，文稿丢失。

59.《"加薪？你究竟在想什么呢！"》，教育广播剧听觉模型，法兰克福，1931 年 3 月 26 日，收入《本雅明全集》。

60.《浮士德博士》，青少年广播，法兰克福，1931 年 3 月 28 日，收入《本雅明全集》。

61.《地方小酒馆：未曾探究的领域》，广播谈话，法兰克福，1931 年 3 月 28 日，文稿丢失。

62.《打开我的藏书：关于收藏的谈话》，广播谈话，法兰克福，1931 年 4 月 27 日，文稿丢失。

63.《巴士底，古老的法国国家监狱》，青少年广播，法兰克福，1931 年 4 月 29 日，收入《本雅明全集》。

64.《那不勒斯》，青少年广播／校园广播，法兰克福，1931 年 5 月 9 日，收入《本雅明全集》。

65.《魔术师们怎么做》，青少年广播，法兰克福，1931 年 7 月 1 日，文稿丢失。

66/67.《这个男孩还会再捣蛋！》（与沃尔夫·祖克尔合作），教育广播剧听觉模型，法兰克福与柏林，1931 年 7 月 1 日，文稿丢失。

68.《弗兰茨·卡夫卡：中国长城建造时》，"图书时刻"节目上的广播谈话，法兰克福，1931 年 7 月 3 日，收入《本雅明全集》。

69.《驯兽师怎么做》，青少年广播，法兰克福，1931 年 9 月 16 日，文稿丢失。

70.《赫库兰尼姆城与庞贝城的陨落》，青少年广播，柏林，1931 年 9 月 18 日，收入《本雅明全集》。

71.《里斯本大地震》，青少年广播，柏林，1931 年 10 月 31 日，收入《本雅明全集》。

72.《广州的戏院火灾》，青少年广播，柏林，1931 年 11 月 5 日，收入《本雅明全集》。

73.《广播游戏：根据关键词作诗》，广播游戏，法兰克福，1932 年 1 月 3 日，文稿丢失。

74.《里斯本大地震》，青少年广播，法兰克福，1932 年 1 月 6 日，收入《本雅明全集》。

75.《追忆旧信的痕迹》，广播谈话，法兰克福，1932 年 1 月 19 日，收入《本雅明全集》。

76.《国家概要Ⅲ：艺术中的法国》，广播谈话，法兰克福，1932 年 1 月 21 日，文稿丢失。

77.《广州的戏院火灾》，青少年广播，法兰克福，1932 年 2 月 3 日，收入《本雅明全集》。

78.《(苏格兰)泰河湾的火车事故》，青少年广播，柏林，1932 年 2 月 4 日，收入《本雅明全集》。

79.《当德国古典作家写作时德国人在读什么？》，广播剧，柏林，1932 年 2 月 16 日，收入《本雅明全集》。

80.《关于卡斯帕的闲话》，儿童广播剧，法兰克福，1932 年 3 月 10 日，收入《本雅明全集》。

81.《1927 年的密西西比河洪灾》，青少年广播，柏林，1932 年 3 月 23 日，收入《本雅明全集》。

82.《(苏格兰)泰河湾的火车事故》，青少年广播，法兰克福，1932 年 3 月 30 日，收入《本雅明全集》。

83.《冷酷的心》(与恩斯特·舍恩合作)，儿童广播剧，法兰克福，1932 年 5 月 16 日，收入《本雅明全集》。

84.《思考训练》，青少年广播，法兰克福，1932 年 7 月 6 日，不详。

85.《关于卡斯帕的闲话》，儿童广播剧，科隆，1932 年 9 月 9 日，收入《本雅明全集》。

86.《关于海贼与海盗》，青少年广播，法兰克福，1933 年 1 月 19 日，文稿丢失。

87.《1900 年前后的柏林童年(出自一部未刊速写集)》，广播朗读，法兰克福，1933 年 1 月 29 日，文稿丢失。

说明：(1)本广播年表参考《本雅明电台》Verso 版整理；(2)在苏尔坎普(Suhrkamp)版《本雅明全集》其他册中找到的篇目，标记为"收入《本雅明全集》"；(3)未在苏尔坎普版全集中找到，但在《本雅明电台》Verso 版中收录的标记为"不详"。

译后记

　　"但是别忘了：自由的言说风格！"这是本雅明写于1934年手稿中的话，德国学者萨宾娜·席勒-勒尔格（Sabine Schiller-Lerg）将其摘引为《本雅明手册》（*Benjamin Handbuch*）中"无线电广播作品"词条的卷首语，作为本雅明对其广播生涯的回忆与总结[1]。今天，我们终于能够将本雅明在无线电广播中的"自由言说"意志展现在中文读者面前。本书参考了莱西亚·罗森塔尔于2014年出版的《本雅明电台》（Verso，2014）中的主题排列，通过对苏尔坎普出版社1991年版《本雅明全集》中分散在不同册集以及不同主题下的广播作品进行选编和翻译，在"儿童广播故事"（Rundfunkgeschichten für Kinder，Ⅶ/1）、"广播谈话"（Rundfunkvortrag，Ⅶ/1）、"广播剧"（Hörspiel，Ⅶ/1）、"教育广播剧听觉模型"（Hörmodell，Ⅳ/2）以及关于广播的反思（Ⅱ/2，Ⅳ/2）中共选取代表作品十七篇，并基于萨宾娜·席勒-勒尔格与莱西亚·罗森塔尔的研究整理，总

1　Sabine Schiller-Lerg: Die Rundfunkarbeiten, In: Burkhardt Lindner (Hrsg.): *Benjamin Handbuch. Leben-Werk-Wirkung*, Stuttgart: J. B. Metzler Verlag, 2011, S. 406.

结了本雅明广播节目年表作为附录，试图为中文读者呈现魏玛时期作为现代广播媒体人的本雅明独特的语言品格和智识肖像。

本雅明的广播谈话纵横捭阖且妙趣横生，尤其在他往返于法兰克福和柏林的青少年广播节目中，本雅明并未降低或削弱他思考的浓度。在这里，他向"亲爱的看不见的小听众们"（Verehrte Unsichtbare）无拘无束地讲述柏林城景与人文轶事、文学作品与童话传说、古今中外的奇人怪事、世界各地的大灾难等。在这里，抽象的论证让位于形象的铺展，在具体的经验中表征真理。事实上，在本雅明早年对康德认识论的批判中就曾指出，概念对现象的围捕和统摄会导致经验的失焦，或者使经验沦为有待析出"澄明之理念"的"肮脏的保姆"。因此，他对具体之物的偏爱，对历史在场的审视也同样延续到了他的广播创作中，正如在有关广播剧的反思《大众普及的两类方式》中所言："为了获得足够的深度，就得有意地从浅显的表层出发。"不仅对于广播剧，本雅明几乎所有的广播创作显然都深刻地践行了此语。他关注观念的世界也关注具体的日常，他关切大众人群的生存与生活；但他并不传递观念本身，他只传递不同观念的声音；他不灌输知识，他将知识转化为经验。他用他独特的语言方式乃至思维方式通过空中的电波，营造出独特的气氛之环（Hauchkreis），并延伸到每一处声音的林间空地上。

他说起城市里的漫游，情感真挚地讲述着柏林城中的作家（如 E. T. A. 霍夫曼）与画家（如西奥多·霍斯曼），讲述他们的精神如何穿过国王大街的喧嚣，如何为菩提树下大街上那些或优雅或怪异的人群而深深着迷。他也讲述自己的柏林童年，谈起自己在黑夜中阅读霍夫曼时"所有的恐惧像鱼一样逐渐在桌子的边缘聚拢"的具身感。他从柏林的街景说到那不勒斯的海滩，说到那不勒斯城中那些层层叠叠的庭院屋顶和错综复杂的盘旋楼梯，那些在烈日灼烤下尘土飞扬的羊肠小道和充满贻贝和通心粉的露天集市，那些随处可见的杂耍艺人以及随时表演绝妙商业艺术的街头小贩，当然还有皮埃迪格罗塔节上的少男少女以及卡莫拉社团里的"秘密"成员，他把他们称作"真正的那不勒斯群像"。他用声音递给那不勒斯"海上的烟花"一个特写镜头，那是当地庆典中各教区"与邻近的教区竞争"的象征，并在随后庞贝城的讲述中，本雅明同样留神于维苏威火山喷发时那"巨大的锯齿状的火焰"，只是这一次，火光并未散落在节日狂欢的海滩，而是消融在一场人类灾难的黄昏中。——"当我们谈论那不勒斯这个地方的时候，你们首先会想到什么呢？我相信，你们会马上想到维苏威火山。"——即便用声音"讲故事"，本雅明也难以割舍对多孔性和马赛克的偏爱。

译后记

他谈到生活中的艺术。在教育广播剧听觉模型《"加薪？你究竟在想什么呢！"》中，本雅明塑造的弗里施先生演绎了如何将商业社会中的加薪谈判视为"一种竞技的艺术"，如何对待世俗中的现实事务犹如对待一场游戏。弗里施先生"清醒、坚定、勇敢"，"以轻松愉快的方式投入到与生活困境的斗争中去。即使在失败面前，他也会保持清醒的头脑"。因为在所有被冠之以"生存"之名的生活竞斗场中，精神的内在态度才能够"抵御一次次失败的暴击"。与焦虑而局促的曹德勒先生不同（设计反面教材正是教育广播剧听觉模型的创作原理），弗里施先生既有古典的庄严与清明，又有现代的务实与机敏。用当下流行的话语来说，这可能是我们最早在听觉媒介中能够听到的，有关"内核稳定"作为现代生活心灵良方的描述。事实上，当本雅明步入电台时，威廉时期的文化悲观主义还未消散，战后"凡尔赛综合征"引发的压抑情绪又在魏玛社会的通货膨胀中达到顶峰，战前无拘无束的文艺人士、闲情逸致的大学教授，都已日益被市场所挟持。[1] 想到本雅明最初进入无线电广播电台的直接缘由，不免更堪寻味。

本雅明不仅在广播上讲故事，也在广播中创造讲故事的人。在教育广播剧听觉模型《当德国古典作家写作时德国

1　Vgl. Erhard Schütze: *Romane der Weimarer Republik, Modellanalysen der Deutschen Literatur*, München: Fink Verlag, 1986, S. 159.

人在读什么？》中，本雅明用一种难以置信的"轻与重"将文学与大众这个古老的话题娓娓道来。曾经在《浮士德》的"舞台序幕"中，歌德试图通过经理、剧作家和小丑这三个角色的立场讨论文学与大众之间的雅俗议题。而在本雅明创作的"声音舞台"中，代表德意志精神的文化英雄和现代生活之间日益复杂的关系，再一次出现在书展咖啡馆里的出版商、作家与牧师的闲谈中，在围绕有关文学经典、文学品位、文学审查、大众教育等主题的对话中，以趋同或相左、补充或论辩的方式构成多声部的、亟待听众共同参与和思考的声音"剧场"。

更多的惊喜，聪慧的读者朋友们一定能发现得更多。

有朋友曾说，翻译是最好的自我教育。许多译者将翻译形容为"痛并快乐着"的精神劳作。翻译必然艰辛。而我的艰辛——与许多我尊敬的译者前辈相比，或许根本谈不上——更多源于自身的局限。自 2020 年起陆续阅读并翻译本雅明广播讲稿以来，喜忧并行成为常态。所谓痛苦，大概就是对自我局限（无论时间还是智识）愈加清醒的认知，以及在翻译过程中面对忠实或顺达这个古老问题的摇摆和焦虑（和必要的选择）；所谓快乐，大概就是即便饱受匮乏和限度的考问仍然想要竭力完成一件有意义的事，并且最大限度地贴近文本同时完成一次有益的自我教育。对此，尤要感谢我的家人和诸多师友们，感谢汪尧翀、李双志、王璞、贾涵斐、胡桑、包慧怡等老师的耐心解答和支持鼓励，感谢我的学生葛衍对本书第二部分第二篇广播剧的贡献。感谢本书的责任编辑贾忠贤和周灵逸，她们留在译稿上的手写批注是本书隐而不彰的"灵韵"。由于学力所限，译文中容或有疏漏之处，敬请方家不吝批评指正。希望读者们能够借由此书，在本雅明另一个"记忆的角落"中感受他的纯真气和智识美。最后，谨以本雅明青年时期作为知识漫游开端的荷尔德林诗歌作为结语：

难道你不认识那诸多有生命者？
难道你的脚不是像在地毯上一样，在真理上行走？
所以，我的天才，请自由地
走进生活，不要忧愁！

王凡柯

2023 年 3 月 16 日于芙蓉湖畔

文景

社科新知 文艺新潮

Horizon

本雅明电台

[德] 瓦尔特·本雅明 著 王凡柯 编译

出 品 人：姚映然
策划编辑：贾忠贤
责任编辑：周灵逸
营销编辑：高晓倩
装帧设计：蔡佳豪

出 品：北京世纪文景文化传播有限责任公司
　　　（北京朝阳区东土城路8号林达大厦A座4A 100013）
出版发行：上海人民出版社
印 刷：山东临沂新华印刷物流集团有限责任公司
制 版：南京展望文化发展有限公司

开 本：890mm×1240mm 1/32
印 张：9.25 字 数：165,000 插 页：2
2023年7月第1版 2024年1月第2次印刷
定 价：69.00元
ISBN：978-7-208-18113-7 / I·2062

图书在版编目（CIP）数据
　本雅明电台 /（德）瓦尔特·本雅明
（Walter Benjamin）著；王凡柯编译. — 上海：上海
人民出版社，2023
　　ISBN 978-7-208-18113-7

　Ⅰ.①本… Ⅱ.①瓦… ②王… Ⅲ.①广播节目－作
品集－德国－现代 Ⅳ.①G229.516

中国国家版本馆CIP数据核字（2023）第012381号

本书如有印装错误，请致电本社更换 010-52187586